Barbara Jaglarz / Georg Bemmerlein

Ganz einfache Alltagstexte lesen und verstehen

Textverständnis, Wortschatz und Grammatik

5.–10. Klasse

Die Autoren

Barbara Jaglarz ist Realschullehrerin an einer Realschule PLUS in Rheinland-Pfalz.

Georg Bemmerlein ist Oberstudienrat an einer Integrierten Gesamtschule in Rheinland-Pfalz.

5. Auflage 2023

AAP Lehrerwelt GmbH
Veritaskai 3
21079 Hamburg
Telefon: +49 (0) 40325083-040
E-Mail: info@lehrerwelt.de
Geschäftsführung: Christian Glaser
USt-ID: DE 173 77 61 42
Register: AG Hamburg HRB/126335

Wir verwenden in unseren Werken eine genderneutrale Sprache. Wenn keine neutrale Formulierung möglich ist, nennen wir die weibliche und die männliche Form. In Fällen, in denen wir aufgrund einer besseren Lesbarkeit nur ein Geschlecht nennen können, achten wir darauf, den unterschiedlichen Geschlechtsidentitäten gleichermaßen gerecht zu werden.

Autorschaft:	Barbara Jaglarz, Georg Bemmerlein
Covergestaltung:	TSA&B Werbeagentur GmbH, Hamburg
Coverfoto:	Olaf Ballnus
Illustrationen:	Anke Fröhlich, Marion El-Khalafawi (Becher, S. 18), Alexandra Hanneforth (Teller, S. 18)
Satz:	Graph & Glyphe, Offenburg
Druck und Bindung:	Zimmermann Druck + Verlag GmbH, Balve

ISBN: 978-3-403-23552-1
www.persen.de

Inhaltsverzeichnis

Vorwort **4**

Familie Schmidt **5**
Lückentext 6
Textstreifen 7
Wörter suchen 8
Kreuzworträtsel 9
Einfache Sätze bilden im Präsens 10
Fragen beantworten 11

Am Morgen **12**
Lückentext 13
Textstreifen 14
Richtig oder falsch? 15
Kreuzworträtsel 16
Einfache Sätze bilden im Präsens 17
Fragen beantworten 18

Am Nachmittag **19**
Lückentext 20
Textstreifen 21
Suchrätsel 22
Was gehört zusammen? 23
Städte in die Landkarte eintragen 24
Der Stundenplan 25
Fragen beantworten 26

Am Abend **27**
Lückentext 28
Textstreifen 29
Suchrätsel 30
Wörter suchen 31
Kreuzworträtsel 32
Einfache Sätze bilden im Präsens 33
Fragen beantworten 34

Das Haus von Familie Schmidt **35**
Lückentext 36
Textstreifen 37
Kreuzworträtsel 38
Richtig oder falsch? 39
Zeichnung 40
Mein Traumhaus 41

Das Klassenzimmer **42**
Lückentext 43
Textstreifen 44
Suchrätsel 45
Wörter suchen 46
Einfache Sätze bilden im Präsens 47
Fragen beantworten 48

Die Schule **49**
Lückentext 50
Textstreifen 51
Welches Wort ist richtig? 52
Wörter suchen 53
Wörter zuordnen 54
Sätze bilden im Präsens 55
Fragen beantworten 56

Die Freundin von Sophie **57**
Lückentext 58
Textstreifen 59
Was gehört zusammen? 60
Richtig oder falsch? 61
Kreuzworträtsel 62
Fragen beantworten 63

Sophie und Lukas haben Hobbys **64**
Lückentext 65
Textstreifen 66
Piktogramme 67
Was gehört zusammen? 68
Wörter suchen 69
Fragen beantworten 70

Sophie geht einkaufen **71**
Lückentext 72
Textstreifen 73
Richtig oder falsch? 74
Wörter zuordnen 75
Kreuzworträtsel 76
Sätze bilden 77
Fragen beantworten 78

Lösungen **79**

Vorwort

Bei der Auswahl der Texte standen neben sprachdidaktischen Überlegungen die Verständlichkeit im Vordergrund. Die zehn einfachen Texte wurden für Schüler ohne oder mit geringen Deutschkenntnissen konzipiert. So bieten sie eine gute Ergänzung zur Arbeit mit Band 1 „Wortschatzübungen zur selbstständigen Arbeit" (Best.-Nr. 3617, Persen Verlag) und Band 2 „Grammatikübungen mit System" (Best.-Nr. 3724, Persen Verlag) derselben Reihe. Zu jedem Text gehören verschiedene Übungen zum Leseverständnis, aber auch Übungen zur Wiederholung, Festigung und Vertiefung von Wortschatz und Grammatik.
Alle Texte sind im Präsens geschrieben. Sie sind in Umfang, Wortwahl und Satzbau möglichst einfach gehalten. Inhaltlich orientieren sich die Texte am alltäglichen Leben der Schüler. Sophie und Lukas, die den lernenden Schüler durch den Band begleiten, liefern Alltagssprache aus der Lebenswelt von Kindern bzw. Jugendlichen. Dies gilt ebenso für die angeschlossenen Übungen, die auf die zugehörigen Texte abheben und deren Inhalte verfestigen und vertiefen.
Bevor die Kinder einfach Unterrichtsstunden absitzen und sich langweilen, weil sie in den Unterrichtsverlauf mangels Sprachverständnisses nicht integriert werden können, ist es allemal besser, die Kinder an ihrem Problem selbst arbeiten zu lassen. Deshalb lassen sich die Arbeitsblätter bei Kindern ohne deutsche Sprachkenntnisse in jedem Fach sinnvoll anwenden.
Die Kinder selbst zeigen sich in der Regel dankbar und haben das Gefühl, mit ihrem Problem nicht abgeschoben oder sitzen gelassen, sondern ernst genommen zu werden und im Rahmen ihrer Möglichkeiten Unterricht zu erhalten.
Zudem geht es auch dem Lehrer besser, der nicht mehr mit ansehen muss, wie ein Schüler in seinem Unterricht Zeit totschlägt – nicht weil das irgendjemand so will, sondern weil es der Umstände wegen nicht anders zu gehen scheint.
Selbstkontrolle und Lösungen ermöglichen dem Schüler, selbstständig die erarbeiteten Aufträge auf Richtigkeit zu überprüfen. Die Arbeitsblätter sind so einfach konzipiert, dass muttersprachliche Mitschüler jederzeit als Helfer fungieren können. Dem Lehrer sollte eigentlich nur noch die Rolle des Motivators, Moderators und „Helfers in der Not" zufallen. So können Schüler ohne besondere Deutschkenntnisse sinnvoll im differenzierten bzw. binnendifferenzierten Unterricht mit dem beschäftigt werden, was für sie im Moment am wichtigsten ist, nämlich ihre Kenntnisse der deutschen Sprache zu erweitern und zu vertiefen.
In der Anforderung sind die Blätter so ausgelegt, dass Schüler, die den Grundwortschatz und die elementarste Grammatik (eventuell aus Band 1 und 2 derselben Reihe) der deutschen Sprache einigermaßen beherrschen, nur mit einem Wörterbuch als Hilfsmittel die Lösungen völlig eigenständig erarbeiten können. Das bedeutet auch, dass der Lehrer beim Einsatz dieser Materialien keinen besonderen Anforderungen an die Didaktik des Deutschen als Fremdsprache unterworfen ist.
Die Arbeitsblätter sollen helfen, Neuschüler ohne Deutschkenntnisse zu befähigen, sich so schnell wie möglich zuerst in der ungewohnten neuen Schule und Lernwelt und später im neuen Lebensraum sprachlich zurechtzufinden. Er eignet sich in der Sekundarstufe für alle Schulniveaus, aber auch für die Förderschule und Inklusionsunterricht.

Vielen Dank auch diesmal Herrn Malte von der Heide vom Persen Verlag für die langjährige, hervorragende Zusammenarbeit.

Barbara Jaglarz und Georg Bemmerlein

Familie Schmidt

Familie Schmidt wohnt in Hamburg in der Hafenstraße 41. Herr Schmidt ist Arzt. Frau Schmidt ist Sekretärin. Herr und Frau Schmidt sind Eltern und haben zwei Kinder, einen Sohn und eine Tochter. Der Sohn heißt Lukas. Er ist fünfzehn Jahre alt. Die Tochter heißt Sophie. Sie ist dreizehn. Lukas ist der Bruder von Sophie. Sophie ist die Schwester von Lukas. Sie sind Geschwister. Sophie und Lukas besuchen eine Realschule. Beide lernen gut.

Familie Schmidt hat auch einen Hund. Er heißt Merlin. Merlin ist groß und braun. Alle lieben Merlin.

Beantworte mit ganzen Sätzen die Fragen zum Text:

1 Wo wohnt Familie Schmidt?

____

2 Wie viele Kinder haben Herr und Frau Schmidt?

____

3 Wie heißt der Sohn?

____

4 Wie heißt die Tochter?

____

5 Wie alt ist Lukas?

____

6 Wie alt ist Sophie?

____

7 Wie lernen Lukas und Sophie?

____

8 Hat Familie Schmidt einen Hund?

____

9 Wie heißt der Hund?

____

Lückentext

Trage die fehlenden Wörter in den Text ein.

Diese Wörter musst du einsetzen:

alle, Eltern, besuchen, ist, Arzt, wohnt, hat, braun, Schmidt, Jahre, lernen, Merlin, Bruder, zwei, sind, Schwester, heißt, Tochter

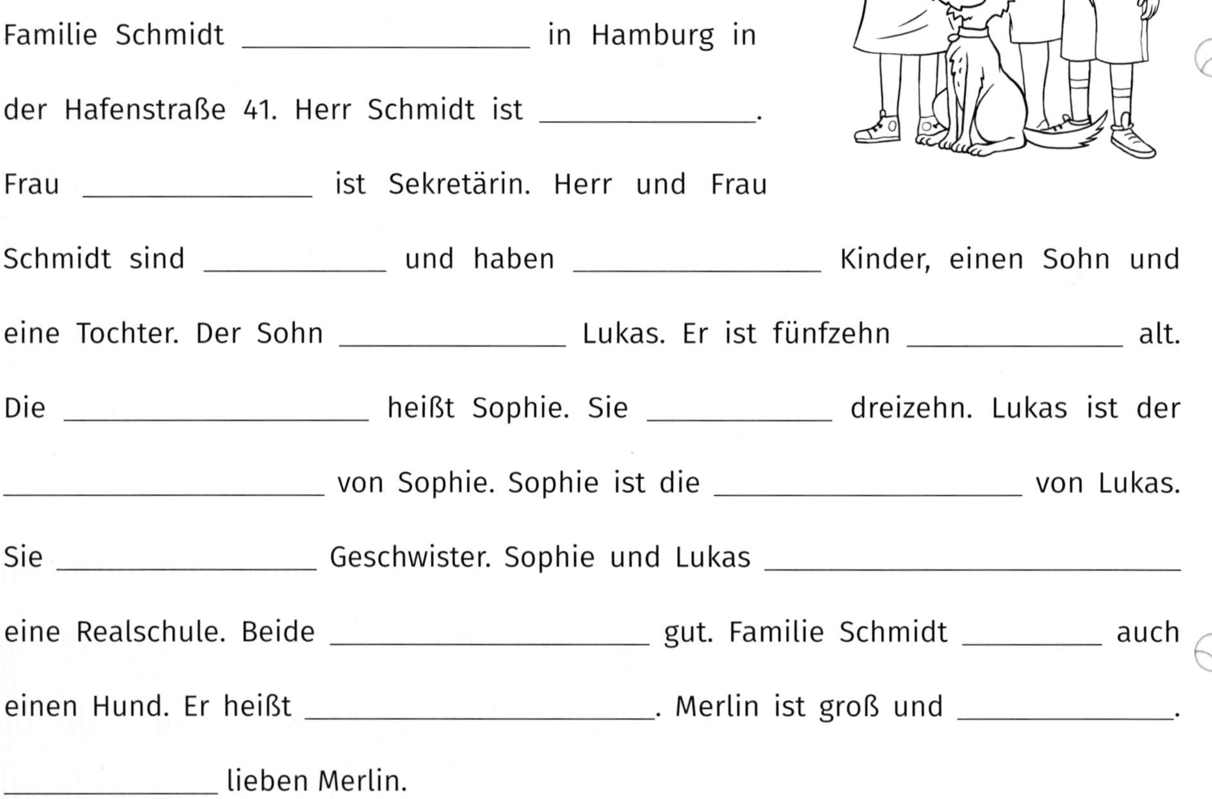

Familie Schmidt ________________ in Hamburg in der Hafenstraße 41. Herr Schmidt ist ____________. Frau _____________ ist Sekretärin. Herr und Frau Schmidt sind __________ und haben ______________ Kinder, einen Sohn und eine Tochter. Der Sohn _____________ Lukas. Er ist fünfzehn ____________ alt. Die _________________ heißt Sophie. Sie __________ dreizehn. Lukas ist der __________________ von Sophie. Sophie ist die _________________ von Lukas. Sie _______________ Geschwister. Sophie und Lukas ________________________ eine Realschule. Beide __________________ gut. Familie Schmidt ________ auch einen Hund. Er heißt ____________________. Merlin ist groß und ____________. ____________ lieben Merlin.

Textstreifen

Schneide die Textstreifen aus und klebe sie in der richtigen Reihenfolge wieder zusammen.

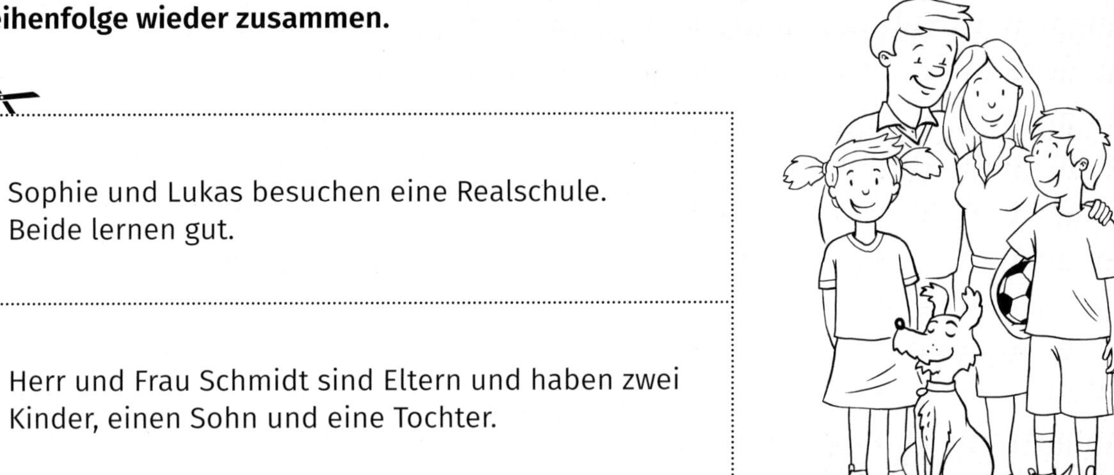

Sophie und Lukas besuchen eine Realschule.
Beide lernen gut.

Herr und Frau Schmidt sind Eltern und haben zwei Kinder, einen Sohn und eine Tochter.

Familie Schmidt wohnt in Hamburg in der Hafenstraße 41. Herr Schmidt ist Arzt. Frau Schmidt ist Sekretärin.

Lukas ist der Bruder von Sophie. Sophie ist die Schwester von Lukas. Sie sind Geschwister.

Der Sohn heißt Lukas. Er ist fünfzehn Jahre alt.
Die Tochter heißt Sophie. Sie ist dreizehn.

Familie Schmidt hat auch einen Hund.
Er heißt Merlin.

Familie Schmidt

Merlin ist groß und braun. Alle lieben Merlin.

Wörter suchen

Hinter den Kästchen sind 15 Wörter (Substantive) aus dem Text versteckt. Finde sie.

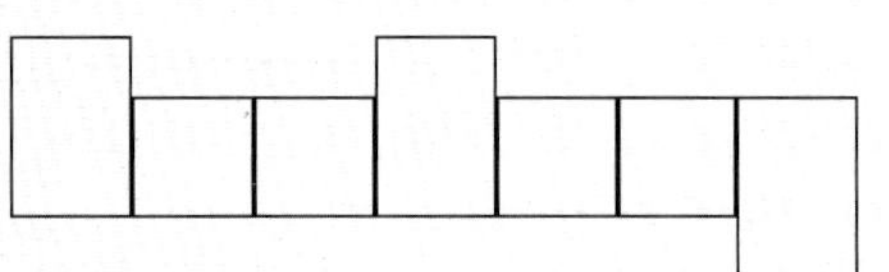

die 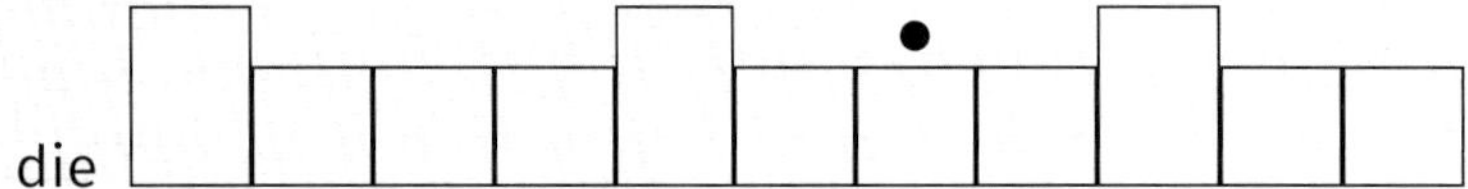

die 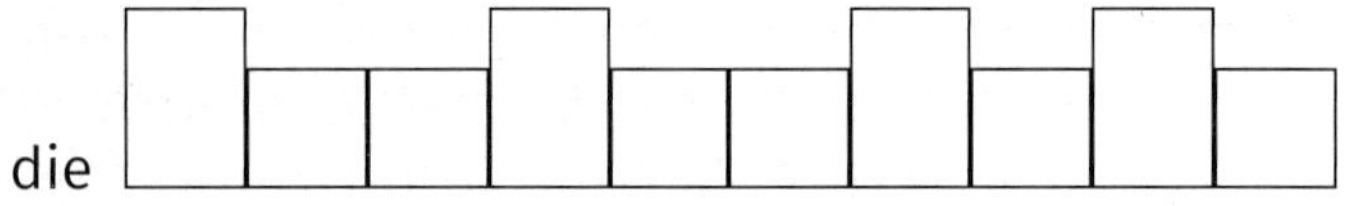

die

der

die

die

die

die

die

der

der

der

die

der

Kreuzworträtsel

Finde entsprechende Wörter im Text und löse das Kreuzworträtsel.

1 **Merlin ist** ____ **und braun.**

2 **Herr Schmidt ist** ____ .

3 **Familie Schmidt** ____ **in Hamburg.**

4 **Der Hund** ____ **Merlin.**

5 **Lukas und Sophie sind** ____ .

6 **Herr und Frau Schmidt sind** ____ .

7 **Frau Schmidt ist** ____ .

8 **Sophie ist dreizehn** ____ **alt.**

9 **Lukas ist der** ____ **von Sophie.**

10 **Beide** ____ **gut.**

Die Lösung:

Großmutter (Oma) und Großvater (Opa) sind

1	2	3	4	5	6	7	8	9	10

.

Einfache Sätze bilden im Präsens

Bilde einfache Sätze mit den vorgegebenen Wörtern im Präsens.

braun

die Schwester

die Mutter

ist

wohnt

Hamburg

groß

der Vater

Arzt

fünfzehn

Fragen beantworten

Beantworte mit ganzen Sätzen die Fragen über dich und deine Familie:

1 Wie heißt du?

____

2 Wie alt bist du?

____

3 Wo wohnst du?

____

4 Welche Schule besuchst du?

____

5 Wie heißt deine Mutter?

____

6 Wie heißt dein Vater?

____

Zeichne oder male deine Familie.

Am Morgen

Es ist 7 Uhr. Frau Schmidt arbeitet schon in der Küche. Sophie hilft der Mutter. Sie holt Brötchen, Brot und Butter aus dem Laden und deckt den Tisch. Dann ruft sie den Vater und den Bruder.

Nun sitzen alle am Tisch und frühstücken. Sophie isst Brötchen mit Butter und Käse und trinkt Tee. Lukas isst Brötchen mit Butter und Salami und trinkt Kakao. Die Eltern essen Brot mit Wurst oder Käse und trinken Kaffee.

Danach gehen Sophie und Lukas in die Schule. Sophie hat ein Brötchen und einen Apfel im Schulrucksack. Lukas hat auch ein Brötchen und zwei Bananen. Er isst gern Bananen. „Bananen sind lecker", sagt er. Frau Schmidt fährt mit dem Auto ins Büro. Herr Schmidt fährt mit dem Bus in die Praxis. Nur der Hund, Merlin, bleibt zu Hause.

Beantworte mit ganzen Sätzen die Fragen zum Text:

1 Wie viel Uhr ist es?

____

2 Was macht Frau Schmidt?

____

3 Was holt Sophie aus dem Laden?

____

4 Was isst Sophie zum Frühstück?

____

5 Was trinkt sie?

____

6 Was isst Lukas zum Frühstück?

____

7 Was trinken die Eltern?

____

8 Was machen Sophie und Lukas danach?

____

9 Wohin fährt Herr Schmidt mit dem Bus?

____

Lückentext

Trage die fehlenden Wörter in den Text ein.

Diese Wörter musst du einsetzen:

fährt, Brot, zwei, Laden, Schule, bleibt, Käse, arbeitet, Büro, Brötchen, hilft, lecker, ruft, sitzen, Bus, Salami, Praxis, frühstücken, trinkt, Vater, Kakao, essen, gehen, Apfel

Es ist 7 Uhr. Frau Schmidt ____________ schon in der Küche. Sophie ______________ der Mutter. Sie holt Brötchen, ________________ und Butter aus dem ________________ und deckt den Tisch. Dann ______________ sie den ________________ und den Bruder. Nun ____________ alle am Tisch und ______________________________. Sophie isst _______________ mit Butter und Käse und ____________ Tee. Lukas isst Brötchen mit Butter und ________________ und trinkt ____________. Die Eltern ______________ Brot mit Wurst oder ____________ und trinken Kaffee. Danach __________________ Sophie und Lukas in die __________________. Sophie hat ein Brötchen und einen __________________ im Schulrucksack. Lukas hat auch ein Brötchen und _____________ Bananen. Er isst gern Bananen. „Bananen sind ______________“, sagt er. Frau Schmidt ____________________ mit dem Auto ins _______________. Herr Schmidt fährt mit dem ______________ in die ________________. Nur der Hund, Merlin, ____________________ zu Hause.

Textstreifen

Schneide die Textstreifen aus und klebe sie in der richtigen Reihenfolge wieder zusammen.

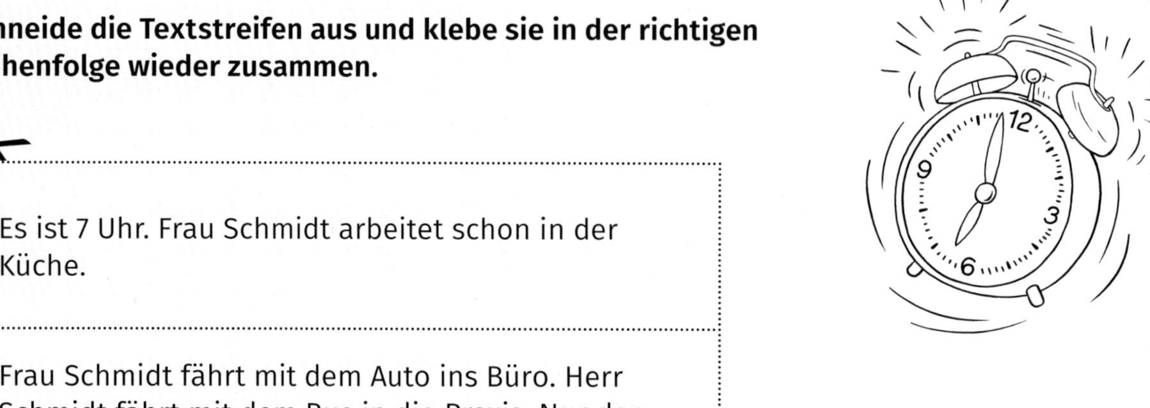

Es ist 7 Uhr. Frau Schmidt arbeitet schon in der Küche.

Frau Schmidt fährt mit dem Auto ins Büro. Herr Schmidt fährt mit dem Bus in die Praxis. Nur der Hund, Merlin, bleibt zu Hause.

Sophie hilft der Mutter. Sie holt Brötchen, Brot und Butter aus dem Laden und deckt den Tisch.

Sophie isst Brötchen mit Butter und Käse und trinkt Tee. Lukas isst Brötchen mit Butter und Salami und trinkt Kakao.

Die Eltern essen Brot mit Wurst oder Käse und trinken Kaffee.

Danach gehen Sophie und Lukas in die Schule. Sophie hat ein Brötchen und einen Apfel im Schulrucksack.

Dann ruft sie den Vater und den Bruder. Nun sitzen alle am Tisch und frühstücken.

Am Morgen

Lukas hat auch ein Brötchen und zwei Bananen. Er isst gern Bananen. „Bananen sind lecker", sagt er.

Richtig oder falsch?

Welche Sätze sind richtig? Kreuze an.

		richtig	falsch
1	Nur Martin bleibt zu Hause.	D	S
2	„Äpfel sind lecker“, sagt Lukas.	E	P
3	Frau Schmidt fährt mit dem Auto ins Büro.	O	B
4	Lukas deckt den Tisch.	S	R
5	Sophie trinkt Tee.	T	A
6	Die Eltern essen Brot.	T	M
7	Herr Schmidt fährt mit dem Auto in die Praxis	F	A
8	Frau Schmidt arbeitet in der Küche.	S	E
9	Danach gehen Sophie und Lukas in die Schule.	C	Z
10	Sophie isst Brötchen mit Butter und Salami.	S	H
11	Lukas trinkt Kaffee.	H	E

Die Lösung:

Lukas hat eine tolle

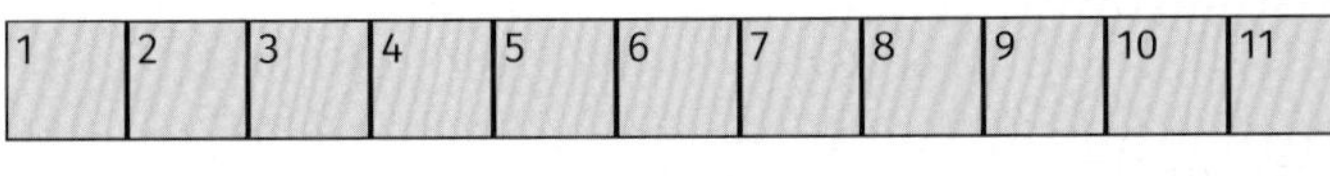

1	2	3	4	5	6	7	8	9	10	11

Kreuzworträtsel

Löse das Kreuzworträtsel mithilfe der rückwärtsgeschriebenen Wörter:

das NEHCTÖRB ______________________________

die RETTUM ____________ der HCSIT ____________

der LEFPA ____________ die ENANAB ____________

EIHPOS ____________ das TORB ____________

die RETTUB ____________ der DNUH ____________ der NEDAL ____________

die SIXARP ____________ die TSRUW ____________ der ESÄK ____________

Die Lösung:

Wichtig in der Schule ist [1][2][3] [4][5][6][7][8][9][10][11][12][13].

Einfache Sätze bilden im Präsens

Bilde einfache Sätze mit den vorgegebenen Wörtern im Präsens.

der Tee ______________________________

die Banane ______________________________

das Brötchen ______________________________

die Eltern ______________________________

der Käse ______________________________

die Schule ______________________________

die Küche ______________________________

die Salami ______________________________

der Tisch ______________________________

Fragen beantworten

Bilde einfache Sätze zu deinem Frühstück im Präsens.

Apfelsaft
Tee **Limonade**
Orangensaft
Milch **Kaffee**
Kirschsaft
Mineralwasser
Kakao

Schinken
Salami **Wurst**
Ei **Croissants** **Käse** **Honig**
Marmelade **Brot**
Quark **Brötchen**

1 Was isst du am Montag zum Frühstück?

Ich esse ______________________________

2 Was isst du am Mittwoch zum Frühstück?

____

3 Was isst du am Sonntag zum Frühstück?

____

4 Was trinkst du am Dienstag zum Frühstück?

Ich trinke ______________________________

5 Was trinkst du am Donnerstag zum Frühstück?

____

6 Was trinkst du am Samstag zum Frühstück?

____

Am Nachmittag

Sophie und Lukas lernen am Nachmittag. Lukas lernt Englisch. Er wiederholt einen Text und lernt die Vokabeln. Morgen schreibt er einen Vokabeltest. Die Vokabeln sind nicht schwer. Danach lernt er Erdkunde. Er hat einen Atlas und sucht auf der Karte: Berlin, München, Hamburg, Nürnberg, Potsdam, Leipzig, Köln, Erfurt, Rostock, Düsseldorf, Dresden und Cottbus. Er schreibt die Städte auf eine Landkarte. Sophie rechnet Matheaufgaben. Dann malt sie Blumen. Sie malt sehr gern. Um 15 Uhr geht Sophie ins Schwimmbad. Sie schwimmt sehr gut. Lukas geht mit seinem Freund Fußball spielen. Er ist Torwart. Sein Trainer heißt Tom. Er ist nett und lustig. „Fußball macht richtig Spaß", sagt Lukas.

Beantworte mit ganzen Sätzen die Fragen zum Text:

1 Was machen Sophie und Lukas am Nachmittag?

____

2 Was lernt Lukas?

____

3 Was schreibt er morgen?

____

4 Wie sind die Vokabeln?

____

5 Was lernt er danach?

____

6 Wohin schreibt er die Städte?

____

7 Was macht Sophie?

____

8 Wohin geht Sophie um 15 Uhr?

____

9 Wohin geht Lukas?

____

Lückentext

Trage die fehlenden Wörter in den Text ein.

Diese Wörter musst du einsetzen:

nett, Englisch, rechnet, Hamburg, schreibt, lernen, richtig, Vokabeln, Atlas, Freund, lustig, Landkarte, Dresden, malt, Torwart, sucht, geht, Schwimmbad, Blumen, Text, Erdkunde, schwer, schwimmt, heißt

Sophie und Lukas ________________ am Nachmittag. Lukas lernt ________________. Er wiederholt einen ____________________ und lernt die ____________________. Morgen ________________________ er einen Vokabeltest. Die Vokabeln sind nicht ______________________. Danach lernt er ________________________. Er hat einen ___________________ und ____________________ auf der Karte: Berlin, München, ___________________, Nürnberg, Potsdam , Leipzig, Köln, Erfurt, Rostock, Düsseldorf, _________________ und Cottbus. Er schreibt die Städte auf eine ________________. Sophie __________________ Matheaufgaben. Dann malt sie __________________. Sie ____________________ sehr gern. Um 15 Uhr ___________________ Sophie ins ____________________. Sie ____________________ sehr gut. Lukas geht mit seinem ____________________ Fußball spielen. Er ist ______________________. Sein Trainer ___________________ Tom. Er ist ___________________ und ____________________.

„Fußball macht ____________________ Spaß“, sagt Lukas.

Barbara Jaglarz/Georg Bemmerlein: Ganz einfache Alltagstexte lesen und verstehen

Textstreifen

Schneide die Textstreifen aus und klebe sie in der richtigen Reihenfolge wieder zusammen.

Morgen schreibt er einen Vokabeltest.
Die Vokabeln sind nicht schwer.

Er ist Torwart. Sein Trainer heißt Tom.
Er ist nett und lustig.
„Fußball macht richtig Spaß", sagt Lukas.

Danach lernt er Erdkunde. Er hat einen Atlas und sucht auf der Karte: Berlin, München, Hamburg, Nürnberg, Potsdam, Leipzig, Köln, Erfurt, Rostock, Düsseldorf, Dresden und Cottbus.

Am Nachmittag

Sophie und Lukas lernen am Nachmittag.

Er schreibt die Städte auf eine Karte.
Sophie rechnet Matheaufgaben.

Sie schwimmt sehr gut.
Lukas geht mit seinem Freund Fußball spielen.

Lukas lernt Englisch.
Er wiederholt einen Text und lernt die Vokabeln.

Dann malt sie Blumen. Sie malt sehr gern.
Um 15 Uhr geht Sophie ins Schwimmbad.

Suchrätsel

Finde die Namen der Städte in Deutschland und schreibe sie auf:

s n e e D r d

e g p z L i i

s c k o o t R

o t s P a m d

n r F a t r k f u

N e r ü g n r b

l ö K n

n ü h M e n c

r s l D s o f e d ü

e B n r i l

s C u t o t b

m u b a H r g

Finde diese zwölf Städte und kreise sie ein (→↓).

F	R	A	N	K	F	U	R	T	Y	B	K	B	P	M	N	W
Ü	C	O	T	T	B	U	S	S	U	S	Y	E	E	Ü	G	I
R	H	P	X	D	R	E	S	D	E	N	L	R	T	N	Y	N
W	E	O	K	Ü	K	H	K	Y	U	G	N	L	K	C	W	Ü
U	X	T	N	S	Ö	O	E	X	T	U	T	I	O	H	B	R
D	Ü	S	S	E	L	D	O	R	F	W	E	N	A	E	V	N
O	N	D	B	E	N	H	B	Z	S	O	R	B	Y	N	G	B
L	E	A	R	E	R	O	S	T	O	C	K	V	O	V	Y	E
U	G	M	V	Y	U	G	B	V	H	A	M	B	U	R	G	R
L	E	I	P	Z	I	G	Z	I	M	M	E	R	B	V	W	G

Was gehört zusammen?

Trage die richtige Zahl ein.

1	Um 15 Uhr geht	☐	auf eine Landkarte.
2	Sein Trainer	☐	sind nicht schwer.
3	Danach	☐	einen Vokabeltest.
4	Sophie und Lukas	☐	sagt Lukas.
5	Morgen schreibt er	☐	Sophie ins Schwimmbad.
6	Er schreibt die Städte	☐	lernt er Erdkunde.
7	„Fußball macht richtig Spaß“,	☐	lernen am Nachmittag.
8	Die Vokabeln	☐	heißt Tom.

Schreibe nun die ganzen Sätze zusammen:

1 ______________________________

____

2 ______________________________

3 ______________________________

4 ______________________________

5 ______________________________

6 ______________________________

7 ______________________________

8 ______________________________

Städte in die Landkarte eintragen

Trage die Namen der Städte in die Landkarte ein:

Berlin, München, Hamburg, Potsdam, Leipzig, Köln, Frankfurt, Rostock, Düsseldorf, Dresden, Cottbus, Nürnberg

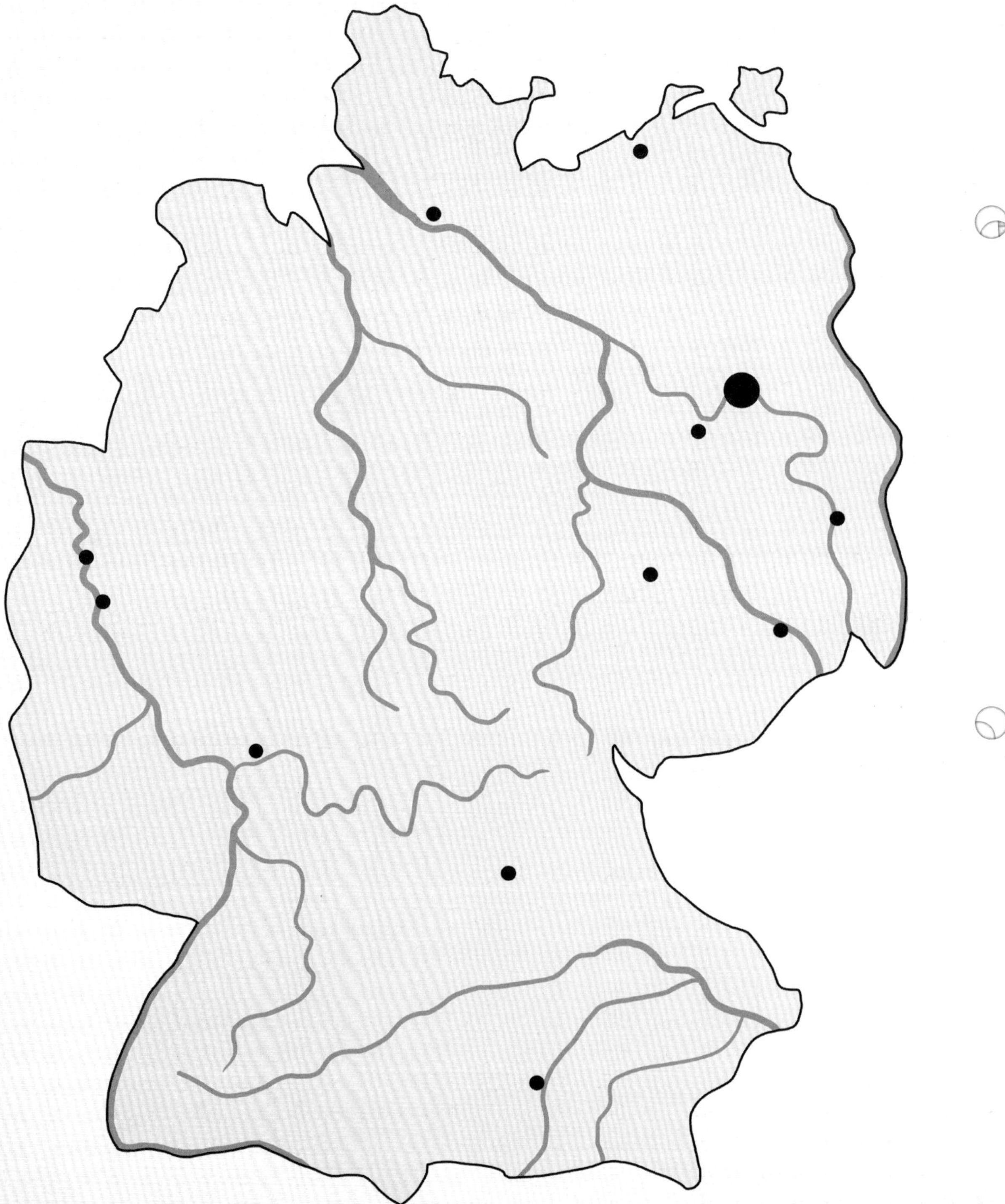

Kennst du noch andere Städte in Deutschland? Trage sie in die Landkarte ein.

Der Stundenplan

Lukas hat vier Mal in der Woche Englisch. Hier ist sein Stundenplan:

	VON-BIS	MONTAG	DIENSTAG	MITTWOCH	DONNERSTAG	FREITAG
1.	7:40 – 8:25	Deutsch	Musik	Französisch	Geschichte	Englisch
2.	8:30 – 9:15	Deutsch	Mathematik	Englisch	Deutsch	Englisch
3.	9:30 – 10:15	Religion	Physik	Mathematik	Sozialkunde	Physik
4.	10:20 – 11:15	Biologie	Deutsch	Mathematik	Englisch	Sport
5.	11:15 – 12:00	Französisch	Kunst	Chemie	Biologie	Sport
6.	12:05 – 12:50	Geschichte	Kunst	Religion	Chemie	Mathematik

Trage deinen Stundenplan ein:

	VON – BIS	MONTAG	DIENSTAG	MITTWOCH	DONNERSTAG	FREITAG
1.						
2.						
3.						
4.						
5.						
6.						

Fragen beantworten

Beantworte mit ganzen Sätzen die Fragen zu deinem Nachmittag.

1 Was machst du am Nachmittag? (3 Antworten)

a) ____________________

b) ____________________

c) ____________________

2 Was macht deine Mutter am Nachmittag? (3 Antworten)

a) ____________________

b) ____________________

c) ____________________

3 Was macht dein Vater am Nachmittag? (3 Antworten)

a) ____________________

b) ____________________

c) ____________________

Am Abend

Es ist Abend. Frau und Herr Schmidt sind im Wohnzimmer. Frau Schmidt sitzt am Tisch und schreibt einen Brief an Tante Anna. Herr Schmidt sitzt auf dem Sofa und liest eine Zeitung. Später sehen sich Frau und Herr Schmidt einen Film im Fernseher an. Sophie ist in der Küche. Sie hat heute Küchendienst. Sie stellt Teller, Tassen und Gläser in den Küchenschrank. Das Besteck legt sie in die Schublade. Löffel, Gabeln, Messer und Teelöffel sortiert sie sorgfältig. Lukas isst noch Abendbrot und hört dabei Musik. Danach gehen die Geschwister in ihre Zimmer. Lukas spielt mit seinen Freunden ein spannendes Spiel am Computer und ist laut. Sophie hat einen neuen Laptop und chattet lange mit ihren Freundinnen über Facebook. Merlin liegt im Wohnzimmer auf dem Teppich und schläft.

Beantworte mit ganzen Sätzen die Fragen zum Text:

1 Wo sind Frau und Herr Schmidt?

___

2 Was macht Frau Schmidt?

___

3 Was macht Herr Schmidt?

___

4 Was machen Frau und Herr Schmidt später?

___

5 Wo ist Sophie?

___

6 Wohin stellt sie Teller, Tassen und Gläser?

___

7 Was legt sie in die Schublade?

___

8 Was macht Lukas?

___

9 Wohin gehen die Geschwister danach?

___

Lückentext

Trage die fehlenden Wörter in den Text ein.

Diese Wörter musst du einsetzen:

liegt, Fernseher, Abend, Teppich, stellt, Abendbrot, Wohnzimmer, Besteck, spielt, Laptop, Tisch, heute, Gläser, Sofa, sortiert, Computer, lange, liest, Küche, Brief, hört, Geschwister

Es ist ________________. Frau und Herr Schmidt sind im ________________. Frau Schmidt sitzt am ______________ und schreibt einen ______________ an Tante Anna. Herr Schmidt sitzt auf dem ________________ und ______________ eine Zeitung. Später sehen sich Frau und Herr Schmidt einen Film im __________________________ an. Sophie ist in der ______________________. Sie hat ____________________ Küchendienst. Sie ____________________ Teller, Tassen und ____________________ in den Küchenschrank. Das __________________________ legt sie in die Schublade. Löffel, Gabeln, Messer und Teelöffel ________________________ sie sorgfältig. Lukas isst noch ________________________ und ________________ dabei Musik. Danach gehen die ______________________ in ihre Zimmer. Lukas ____________________ mit seinen Freunden ein spannendes Spiel am ______________________ und ist laut. Sophie hat einen neuen ______________________ und chattet ____________________ mit ihren Freundinnen über Facebook. Merlin __________________________ im Wohnzimmer auf dem __________________ und schläft.

Textstreifen

Schneide die Textstreifen aus und klebe sie in der richtigen Reihenfolge wieder zusammen.

Frau Schmidt sitzt am Tisch und schreibt einen Brief an Tante Anna.

Es ist Abend.
Frau und Herr Schmidt sind im Wohnzimmer.

Sophie hat einen neuen Laptop und chattet lange mit ihren Freundinnen über Facebook. Merlin liegt im Wohnzimmer auf dem Teppich und schläft.

Am Abend

Lukas spielt mit seinen Freunden ein spannendes Spiel am Computer und ist laut.

Herr Schmidt sitzt auf dem Sofa und liest eine Zeitung. Später sehen sich Frau und Herr Schmidt einen Film im Fernseher an.

Lukas isst noch Abendbrot und hört dabei Musik. Danach gehen die Geschwister in ihre Zimmer.

Sophie ist in der Küche. Sie hat heute Küchendienst. Sie stellt Teller, Tassen und Gläser in den Küchenschrank.

Das Besteck legt sie in die Schublade. Löffel, Gabeln, Messer und Teelöffel sortiert sie sorgfältig.

Suchrätsel

Welche Wörter (Substantive) aus dem Text sind hier rückwärtsgeschrieben?

der RETUPMOC ______

die EDALBUHCS ______

der LEFFÖLEET ______

die GNUTIEZ ______ der HCIPPET ______ der LEFFÖL ______

der POTPAL ______ das AFOS ______ die LEBAG ______

das RESSEM ______ das SALG ______ der FEIRB ______

der RELLET ______ der MLIF ______ die ESSAT ______

Finde die 15 Wörter und kreise sie ein (→↓).

L	A	Z	M	L	K	E	G	A	B	E	L	B	C	W	N	T
A	L	E	L	Ö	M	P	L	S	R	S	S	Y	O	U	G	E
P	H	I	X	F	O	X	A	V	I	H	C	X	M	X	Y	E
T	E	T	K	F	Z	H	S	Y	E	G	H	V	P	G	W	L
O	X	U	T	E	L	L	E	R	F	U	U	G	U	Y	B	Ö
P	T	N	H	L	B	Y	G	O	I	W	B	V	T	U	V	F
O	N	G	B	U	Z	U	F	S	S	O	L	B	E	N	G	F
T	E	P	P	I	C	H	I	O	C	H	A	V	R	V	Y	E
U	K	A	R	I	L	G	B	F	H	Y	D	B	R	G	X	L
M	E	S	S	E	R	N	T	A	S	S	E	R	F	I	L	M

Wörter suchen

Hinter den Kästchen sind 20 Wörter (Substantive) aus dem Text versteckt. Finde sie.

die 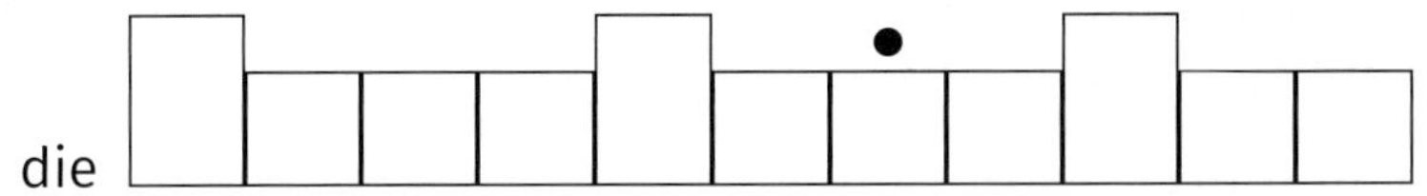

der 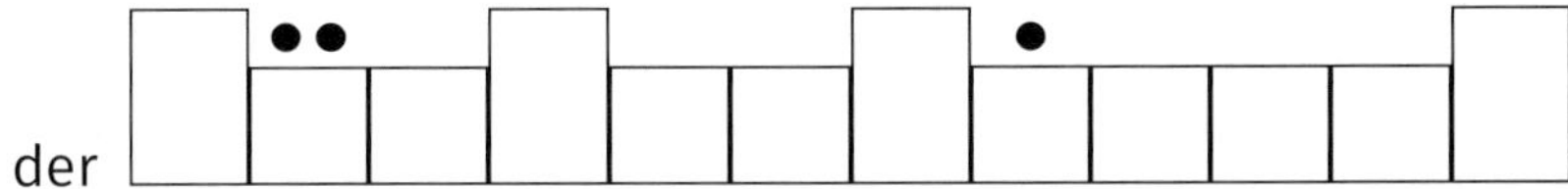

die

das

das

der

die

der

der

der

das

der

der

der

die

der

das

die

die

das

Kreuzworträtsel

Finde entsprechende Wörter im Text und löse das Kreuzworträtsel.

1 Herr Schmidt sitzt auf einem ____________________.

2 Frau Schmidt schreibt einen ____________ an Tante Anna.

3 Merlin liegt auf einem ______________.

4 Herr Schmidt liest eine ________________.

5 Sophie hat heute ____________________________.

6 Sophie legt das __________________ in die Schublade.

7 Lukas isst Abendbrot und hört ________________.

8 Danach gehen die _______________ in ihre Zimmer.

9 Lukas spielt am ____________________.

10 Herr und Frau Schmidt sind im ___________________.

1
2
3
4
5
6
7
8
9
10

Die Lösung: Um 18 Uhr ist

1	2	3	4	5	6	7	8	9	10

.

Einfache Sätze bilden im Präsens

Bilde Sätze mit den acht angegebenen Wortpaaren im Präsens:

schreiben Brief 1 ____________________

spielen Computer 2 ____________________

sind Wohnzimmer 3 ____________________

haben Laptop 4 ____________________

sein Küche 5 ____________________

legen Schublade 6 ____________________

liegen Wohnzimmer 7 ____________________

haben Küchendienst 8 ____________________

Fragen beantworten

Beantworte mit ganzen Sätzen die Fragen zu deinem Abend:

Was machst du am Abend gern?

1 ____________________

2 ____________________

3 ____________________

4 ____________________

Was machst du am Abend gern? Zeichne oder male in die Felder.

Das Haus von Familie Schmidt

Familie Schmidt wohnt in einem Einfamilienhaus. Das Haus ist neu. Es ist nicht sehr groß, aber gemütlich. Es steht in einem Garten. Im Erdgeschoss befinden sich das Wohnzimmer, das Schlafzimmer der Eltern, die Küche, der Flur mit den Treppen, die Toilette und der Abstellraum. Im Obergeschoss sind die Zimmer von den Kindern, das Gästezimmer und das Bad. Die Zimmer von Sophie und Lukas sind klein und haben moderne Möbel. Unter dem Haus ist der Keller. Neben dem Haus steht die Garage. Der Garten ist sehr schön: Dort ist eine große Terrasse mit Gartenmöbeln. Es gibt viele Blumen, Sträucher, einen Kirschbaum und einen Apfelbaum. In der Ecke steht eine Tischtennisplatte. Sie gehört Lukas. Auch Merlin spielt gern im Garten.

Beantworte mit ganzen Sätzen die Fragen zum Text:

1 In welchem Haus wohnt Famile Schmidt?

____

2 Wie ist das Haus?

____

3 Wo steht das Haus?

____

4 Wo befinden sich das Wohnzimmer und das Schlafzimmer der Eltern?

____

5 Wo sind die Zimmer der Kinder?

____

6 Wie sind die Zimmer der Kinder?

____

7 Was ist unter dem Haus?

____

8 Was ist neben dem Haus?

____

9 Wie ist der Garten?

____

Das Haus von Familie Schmidt

Lückentext

Trage die fehlenden Wörter in den Text ein.

Diese Wörter musst du einsetzen:

Garten, mit, moderne, Apfelbaum, Küche, neben, Zimmer, Ecke, Gästezimmer, unter, Kirschbaum, Haus, sehr, Sophie, große, gehört, steht, nicht, Einfamilienhaus, aber, Erdgeschoss, spielt, Schlafzimmer

Familie Schmidt wohnt in einem ______________________. Das ____________ ist neu. Es ist ____________ sehr groß, ____________ gemütlich. Es steht in einem ________________. Im ________________________ befinden sich das Wohnzimmer, das ______________________ der Eltern, die ______________, der Flur mit den Treppen, die Toilette und der Abstellraum. Im Obergeschoss sind die ______________ von den Kindern, das ______________ und das Bad. Die Zimmer von ______________ und Lukas sind klein und haben ________________ Möbel. ______________ dem Haus ist der Keller. ________________ dem Haus ________________ die Garage. Der Garten ist ____________ schön: Dort ist eine ____________ Terrasse ____________ Gartenmöbeln. Es gibt viele Blumen, Sträucher, einen ____________________ und einen ____________________.

In der ______________ steht eine Tischtennisplatte. Sie ________________ Lukas. Auch Merlin __________________ gern im Garten.

Das Haus von Familie Schmidt

Textstreifen

Schneide die Textstreifen aus und klebe sie in der richtigen Reihenfolge wieder zusammen.

Im Obergeschoss sind die Zimmer von den Kindern, das Gästezimmer und das Bad. Die Zimmer von Sophie und Lukas sind klein und haben moderne Möbel.

Unter dem Haus ist der Keller. Neben dem Haus steht die Garage.

Das Haus ist neu. Es ist nicht sehr groß, aber gemütlich. Es steht in einem Garten.

Familie Schmidt wohnt in einem Einfamilienhaus.

Der Garten ist sehr schön: Dort ist eine große Terrasse mit Gartenmöbeln. Es gibt viele Blumen, Sträucher, einen Kirschbaum und einen Apfelbaum.

Im Erdgeschoss befinden sich das Wohnzimmer, das Schlafzimmer der Eltern, die Küche, der Flur mit den Treppen, die Toilette und der Abstellraum.

Das Haus von Familie Schmidt

In der Ecke steht eine Tischtennisplatte. Sie gehört Lukas. Auch Merlin spielt gern im Garten.

Kreuzworträtsel

Finde entsprechende Wörter im Text und löse das Kreuzworträtsel.

1 Im Garten gibt es viele ______________________.

2 Im Obergeschoss sind die Zimmer von den ______________________.

3 Im Flur sind die ______________________.

4 Im Garten ist eine große ______________________.

5 Im Erdgeschoss ist das ______________________.

6 Die Küche ist im ______________________.

7 Das Zimmer von ____________________ ist klein.

8 Familie Schmidt wohnt in einem ______________________.

9 Die Tischtennisplatte gehört ______________________.

10 Das Haus steht in einem ______________________.

11 Neben dem Haus steht eine ______________________.

1

2

3

4

5

6

7

8

9

10

11

Die Lösung: Tante Anna hat | 1 | 2 | 3 | 4 | | 5 | 6 | 7 | 8 | 9 | 10 | 11 |.

Barbara Jaglarz / Georg Bemmerlein: Ganz einfache Alltagstexte lesen und verstehen

Das Haus von Familie Schmidt

Richtig oder falsch?

Welche Sätze sind richtig? Kreuze an.

		richtig	falsch
1	Im Erdgeschoss ist ein Arbeitszimmer	A	O
2	Die Zimmer von Sophie und Lukas sind klein.	B	R
3	Unter dem Haus ist ein Keller.	E	S
4	Das Haus ist groß und gemütlich.	O	R
5	Die Tischtennisplatte gehört Sophie.	P	G
6	Die Küche ist im Erdgeschoss.	E	M
7	Familie Schmidt wohnt in einem Einfamilienhaus.	S	U
8	Im Obergeschoss sind die Zimmer der Eltern.	B	C
9	Das Haus steht in einem Garten.	H	F
10	Sophie und Lukas haben moderne Möbel.	O	D
11	Das Haus ist alt.	D	S
12	Es gibt viele Blumen im Garten.	S	T

Die Lösung:

Sophie und Lukas sind im

1	2	3	4	5	6	7	8	9	10	11	12

.

Zeichnung

Zeichne für die einzelnen Geschosse im Haus von Familie Schmidt alle Räume ein. Schreibe auch ihre Namen dazu.

Obergeschoss

Erdgeschoss

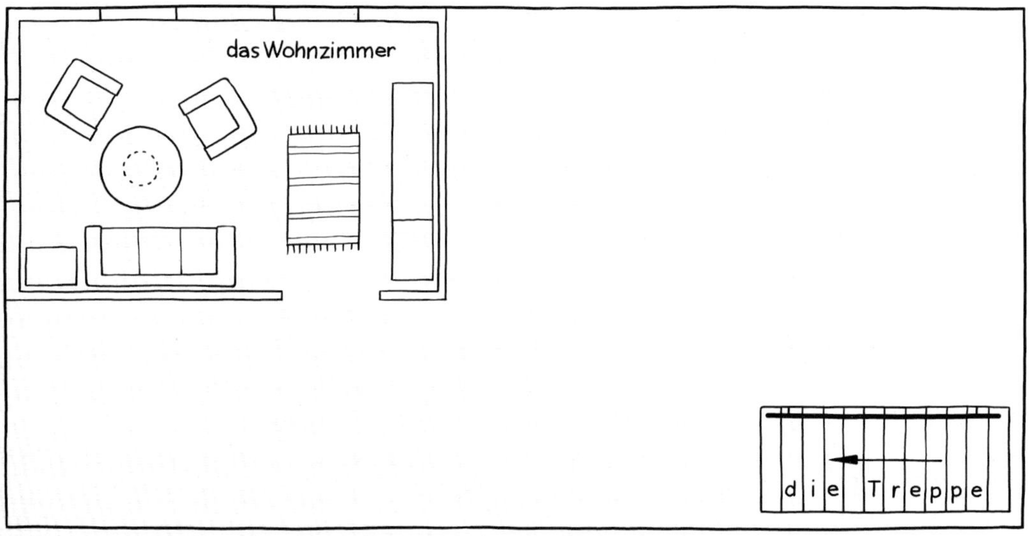

das Wohnzimmer

die Treppe

Keller

Mein Traumhaus

Wie sieht dein Traumhaus aus? Zeichne es.

Mein Traumhaus

Das Klassenzimmer

Das ist das Klassenzimmer von Lukas. In der Mitte stehen zwölf Tische, Lukas sitzt ganz hinten. Vorn ist der Lehrertisch. An der Wand hängt eine Tafel. Die Tafel ist grün. Hinten steht ein Schrank. Die Tische und die Stühle sind grau. Der Schrank ist weiß. Links sind drei Fenster. Die Fenster sind breit. Rechts ist die Tür. Die Tür ist grün. An der Decke hängen acht Lampen. In der Ecke steht ein Papierkorb. Das Klassenzimmer ist groß und hell.

Beantworte mit ganzen Sätzen die Fragen zum Text:

1 Wie viele Tische stehen in der Mitte?

____

2 Wo sitzt Lukas?

____

3 Was hängt an der Wand?

____

4 Wie ist die Tafel?

____

5 Was steht hinten?

____

6 Wie sind die Tische und die Stühle?

____

7 Was ist links?

____

8 Wie sind die Fenster?

____

9 Was ist rechts?

____

Lückentext

Trage die fehlenden Wörter in den Text ein.

Diese Wörter musst du einsetzen:

Klassenzimmer, ist, Wand, hell, Tafel, steht, Tische, groß, Stühle, Schrank, sind, Fenster, rechts, stehen, Tür, Decke, Ecke, Lehrertisch

Das ist das ________________________

von Lukas. In der Mitte ____________ zwölf

Tische, Lukas sitzt ganz hinten. Vorn ____________ der ________________.

An der __________ hängt eine Tafel. Die __________ ist grün. Hinten __________

ein Schrank. Die ______________ und die ____________ sind grau. Der

__________ ist weiß. Links _______ drei Fenster. Die ______________ sind

breit. __________ ist die Tür. Die __________ ist grün. An der __________

hängen acht Lampen. In der _________ steht ein Papierkorb. Das Klassenzimmer ist

____________ und ___________.

Textstreifen

Schneide die Textstreifen aus und klebe sie in der richtigen Reihenfolge wieder zusammen.

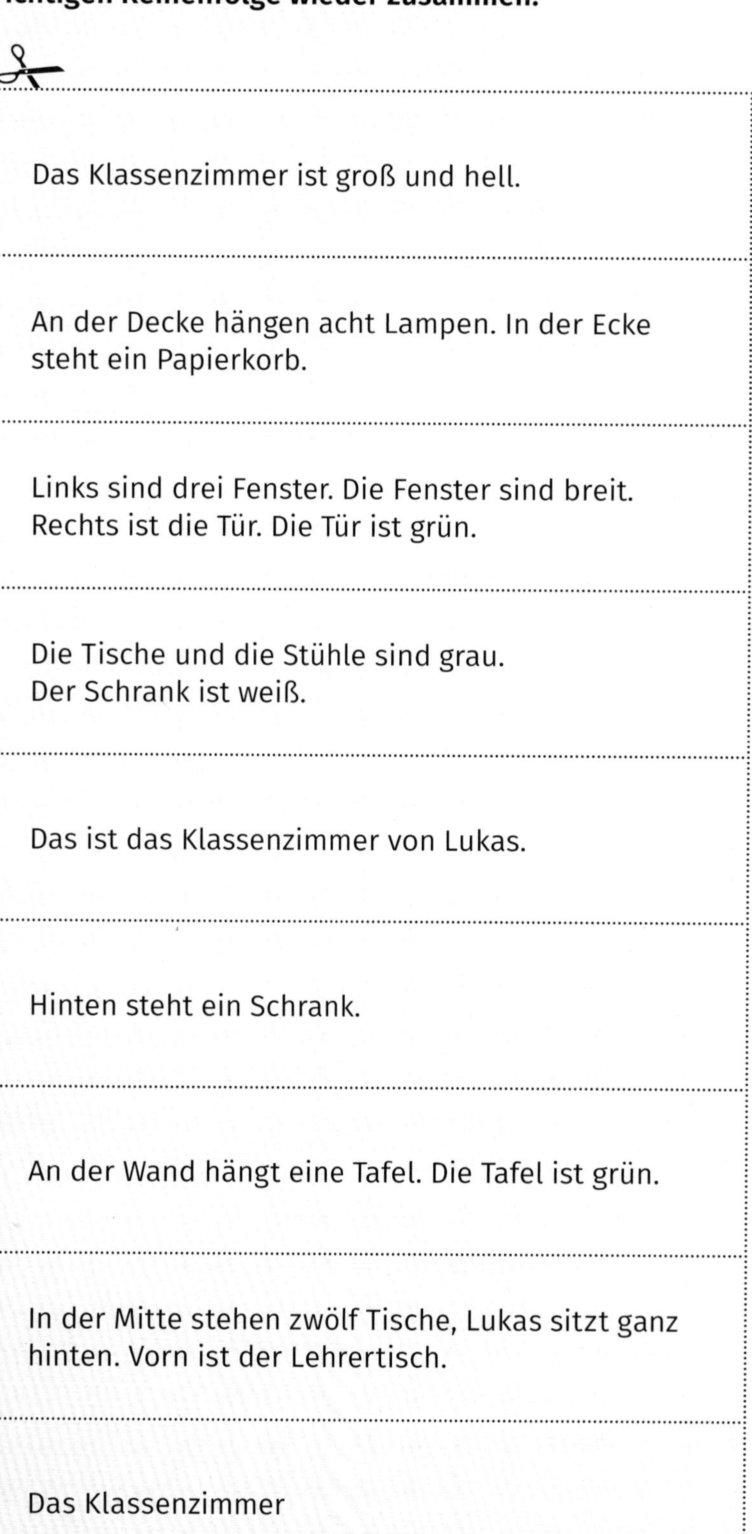

Das Klassenzimmer ist groß und hell.

An der Decke hängen acht Lampen. In der Ecke steht ein Papierkorb.

Links sind drei Fenster. Die Fenster sind breit. Rechts ist die Tür. Die Tür ist grün.

Die Tische und die Stühle sind grau. Der Schrank ist weiß.

Das ist das Klassenzimmer von Lukas.

Hinten steht ein Schrank.

An der Wand hängt eine Tafel. Die Tafel ist grün.

In der Mitte stehen zwölf Tische, Lukas sitzt ganz hinten. Vorn ist der Lehrertisch.

Das Klassenzimmer

Suchrätsel

Welche rückwärtsgeschriebenen Gegenstände sind im Klassenzimmer?

die LEFAT ______________________

der HCSITRERHEL ______________________

der BROKREIPAP ______________________

die RÜT ______________________

der KNARHCS ______________________

die EKCED ______________________

die EKCE ______________________

der HCSIT ______________________

die EPMAL ______________________

der LHUTS ______________________

das RETSNEF ______________________

Finde diese elf Wörter und kreise sie ein (→↓).

T	A	L	M	T	K	E	D	R	Y	B	F	B	P	W	N	S
W	T	S	L	A	M	P	E	E	C	K	E	Y	A	U	S	V
O	Ü	Z	X	F	O	X	C	V	W	H	N	X	P	X	C	D
W	R	C	K	E	Z	H	K	Y	U	G	S	V	I	G	H	R
U	X	O	N	L	V	O	E	X	T	U	T	G	E	Y	R	W
L	N	S	T	U	H	L	G	O	I	W	E	V	R	U	A	A
O	N	O	B	U	V	H	B	Z	S	O	R	B	K	N	N	K
L	E	H	R	E	R	T	I	S	C	H	W	V	O	V	K	E
U	G	Y	V	Y	U	G	B	V	H	Y	U	B	R	G	X	U
L	O	G	F	E	R	Q	K	I	N	W	A	S	B	V	W	G

Wörter suchen

Finde und schreibe die Namen der Gegenstände im Klassenzimmer.

c r s h e L r i h e t h

der ____________

r i a e b p k o r P

der ____________

a e m p L

die ____________

k a S n c h r

der ____________

e a f T l

die ____________

h t ü S e l

die ____________

Lies die Sätze und schreibe die passenden Wörter dazu.

Er steht vorn.	Es ist der ____________.
Er steht in der Ecke.	Es ist der ____________.
Sie hängt an der Decke.	Es ist die ____________.
Sie sind grau.	Es sind die ____________.
Sie hängt an der Wand.	Es ist die ____________.
Er ist weiß.	Es ist der ____________.

Einfache Sätze bilden im Präsens

Bilde einfache Sätze mit den elf vorgegebenen Wörtern im Präsens.

die Tafel

zwölf

hängen

der Schrank

die Tür

grau

steht

rechts

hinten

der Lehrertisch

der Papierkorb

Fragen beantworten

Beantworte mit ganzen Sätzen die Fragen zu deinem Klassenzimmer:

1 Wie ist dein Klassenzimmer?

2 Was steht in der Mitte?

3 Was ist vorn?

4 Was hängt an der Wand?

5 Was steht hinten?

6 Wie viele Fenster sind in deinem Klassenzimmer?

Zeichne oder male dein Klassenzimmer. Wo sitzt du?

Die Schule

Sophie und Lukas sind stolz auf ihre Schule. Sie ist neu, groß und modern. Der Haupteingang führt ins Treppenhaus.

Im Erdgeschoss links von der Treppe sind die Büroräume der Schulleitung, das Sekretariat und das Lehrerzimmer. Rechts von der Treppe sind viele Klassenzimmer. Hinter der Treppe sind der Fahrstuhl, die Toiletten, die Schulbücherei und die Aula.

Im ersten Stock bef inden sich viele Fachräume: Computerraum, Kunstraum, Werkraum, Physikraum, Chemieraum, Musiksaal und zwei Küchen. Es gibt dort auch einige Klassenzimmer. Im zweiten Stock sind nur Klassenzimmer und der Raum der Schülervertretung.

Vor der Schule liegt der Pausenhof. Rechts neben der Schule stehen die Sporthalle und die Mensa. Vor der Sporthalle ist ein großer Parkplatz.

Beantworte mit ganzen Sätzen die Fragen zum Text:

1 Wie ist die Schule von Sophie und Lukas?

____

2 Wohin führt der Haupteingang?

____

3 Wo ist das Lehrerzimmer?

____

4 Wo ist der Fahrstuhl?

____

5 Wo befinden sich die Fachräume?

____

6 Wo ist der Raum der Schülervertretung?

____

7 Wo liegt der Pausenhof?

____

8 Was ist vor der Sporthalle?

____

Lückentext

Trage die fehlenden Wörter in den Text ein.

Diese Wörter musst du einsetzen:

Treppe, einige, Kunstraum, Schülervertretung, großer, Fahrstuhl, Pausenhof, Stock, zweiten, Sporthalle, Chemieraum, viele, Aula, neben, stolz, Haupteingang, Sekretariat, von

Sophie und Lukas sind ______________ auf ihre Schule. Sie ist neu, groß und modern. Der ______________________ führt ins Treppenhaus. Im Erdgeschoss links von der ________________ sind die Büroräume der Schulleitung, das ____________ und das Lehrerzimmer. Rechts ______________ der Treppe sind ______________ Klassenzimmer. Hinter der Treppe sind der __________________, die Toiletten, die Schulbücherei und die ______________________. Im ersten ______________ befinden sich viele Fachräume: Computerraum, ____________________, Werkraum, Physikraum, __________________________, Musiksaal und zwei Küchen. Es gibt dort auch _______________ Klassenzimmer. Im ______________ Stock sind nur Klassenzimmer und der Raum der ______________________________. Vor der Schule liegt der ___________________. Rechts ________________ der Schule stehen die _______________________ und die Mensa. Vor der Sporthalle ist ein ________________ Parkplatz.

Die Schule

Textstreifen

Schneide die Textstreifen aus und klebe sie in der richtigen Reihenfolge wieder zusammen.

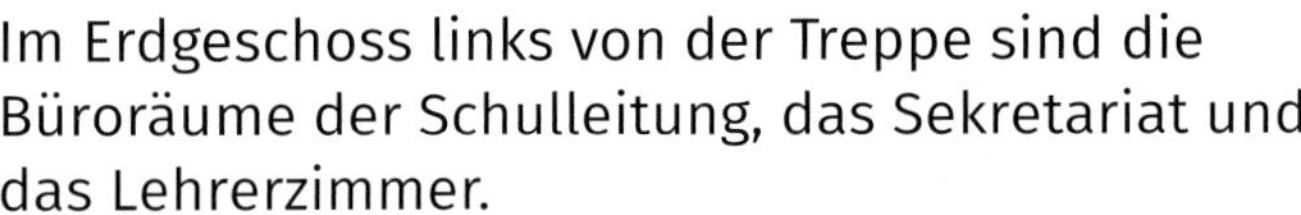

Im Erdgeschoss links von der Treppe sind die Büroräume der Schulleitung, das Sekretariat und das Lehrerzimmer.

Rechts von der Treppe sind viele Klassenzimmer. Hinter der Treppe sind der Fahrstuhl, die Toiletten, die Schulbücherei und die Aula.

Sophie und Lukas sind stolz auf ihre Schule. Sie ist neu, groß und modern. Der Haupteingang führt ins Treppenhaus.

Im ersten Stock befinden sich viele Fachräume: Computerraum, Kunstraum, Werkraum, Physikraum, Chemieraum, Musiksaal und zwei Küchen.

Vor der Sporthalle ist ein großer Parkplatz.

Es gibt dort auch einige Klassenzimmer. Im zweiten Stock sind nur Klassenzimmer und der Raum der Schülervertretung.

Vor der Schule liegt der Pausenhof. Rechts neben der Schule stehen die Sporthalle und die Mensa.

Die Schule

Welches Wort ist richtig?

Lies die Sätze genau und schreibe den richtigen Schulraum dazu:

1 Dort spielen die Schüler Handball. → Es ist die ______________________.

2 Dort treffen sich die Lehrer in den Pausen.  Es ist das ______________________.

3 Dort malen sie Schüler schöne Bilder.  Es ist der ______________________.

4 In diese Räume gehen Jungen und Mädchen getrennt.  Es sind die ______________________.

5 Dort sägen und hämmern alle.  Es ist der ______________________.

6 Dort lernen alle am liebsten.  Es ist der ______________________.

7 Dort essen die Schüler zu Mittag.  Es ist die ______________________.

8 Dort kochen und backen alle sehr gern.  Es ist die ______________________.

9 Dort können die Schüler den Schülerausweis abholen.  Es ist das ______________________.

10 Dort verbringen die Schüler ihre Pausen.  Es ist der ______________________.

11 Dort machen alle laute Musik.  Es ist der ______________________.

12 Dort machen die Schüler Experimente.  Es ist der ______________________.

Wörter suchen

Hinter den Kästchen sind 20 Wörter (Substantive in Singular und Plural) aus dem Text versteckt. Finde sie.

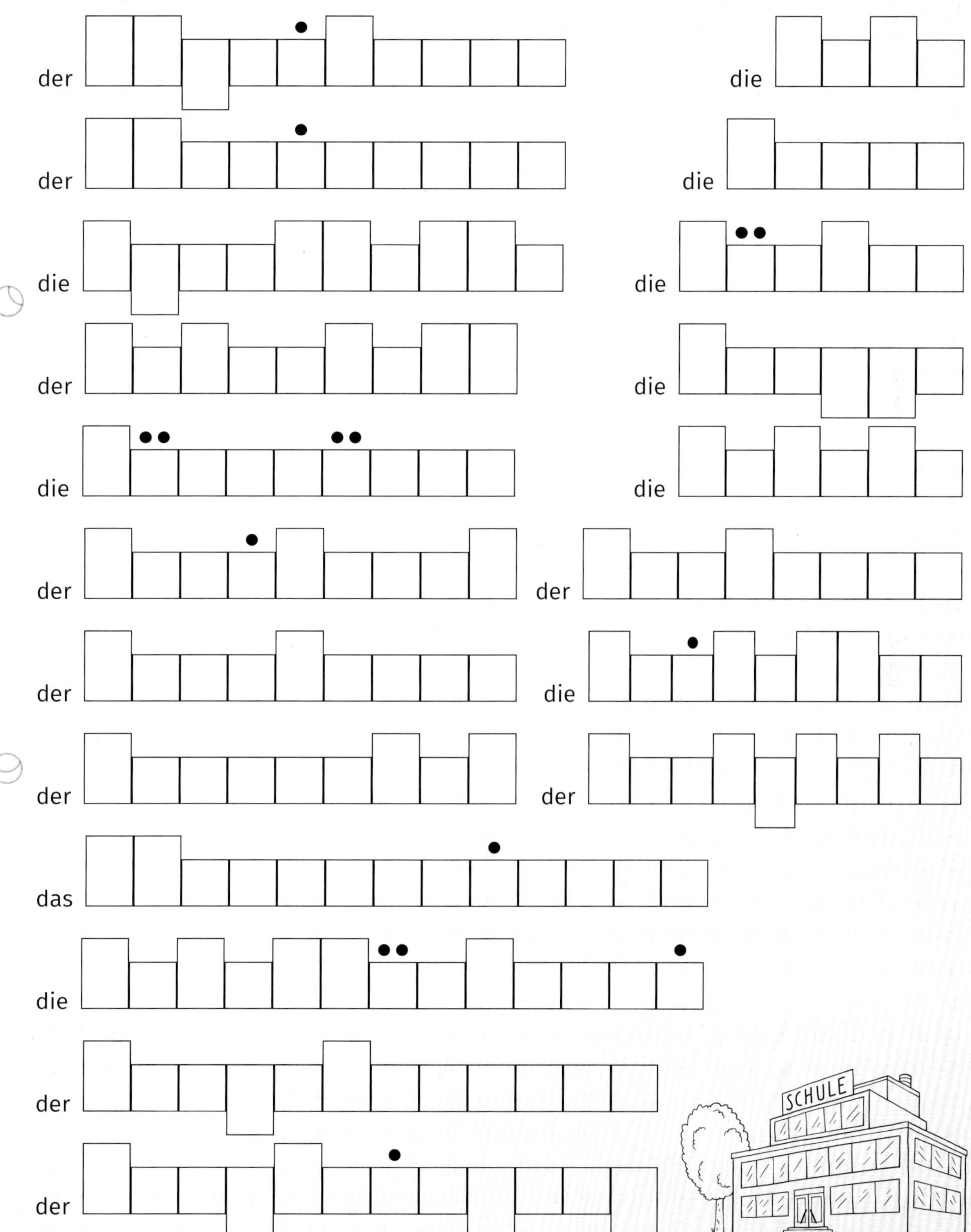

Wörter zuordnen

Ordne die 36 Wörter dem richtigen Raum in der Schule zu:

der Laptop, das Telefon, der Pinsel, das Mikrofon, der Herd, der Hammer, die Lehrertasche, der Magnet, der Fußball, der Kühlschrank, die Stoppuhr, die Gitarre, das Besteck, der Schreibtisch, der Wasserbecher, das Tor, der Schraubenzieher, das Thermometer, die Tastatur, der Malkasten, das Faxgerät, der Topf, die Laubsäge, der Drucker, die Stühle, der Bohrer, der Transformator, das Trampolin, die Computermaus, der Zeichenblock, der Aktenschrank, das Klavier, die Sprossenwand, der Bücherschrank, die Triangel, die Tische

Sätze bilden im Präsens

Schreibe die Sätze fertig:

1 Vor der Schule ______________________________

______________________________.

2 Im zweiten Stock ______________________________

______________________________.

3 Rechts an der Treppe ______________________________

______________________________.

4 Im Erdgeschoss ______________________________

______________________________.

5 Rechts neben der Schule ______________________________

______________________________.

6 Im ersten Stock ______________________________

______________________________.

7 Vor der Sporthalle ______________________________

______________________________.

8 Hinter der Treppe ______________________________

______________________________.

9 Links neben der Schule ______________________________

______________________________.

10 Vor der Treppe ______________________________

______________________________.

Fragen beantworten

Beantwort mit ganzen Sätzen die Fragen zu deiner Schule:

1 Wie ist deine Schule?

____

____

2 Was ist im Erdgeschoss?

____

3 Welche Räume bef inden sich im ersten Stock?

____

4 Wo ist dein Klassenzimmer?

____

5 Wo ist die Aula?

____

6 Wo ist die Sporthalle?

____

7 Wie ist der Pausenhof?

____

Meine Schule

Die Freundin von Sophie

Die beste Freundin von Sophie ist Bianca. Bianca ist auch dreizehn Jahre alt und ist 158 cm groß. Sie hat blaue Augen, braune Haare und einen schmalen Mund. Sie trägt gern blaue Jeans, bunte T-Shirts und schicke Schuhe. Die Lieblingsessen von Bianca sind Pizza, Pfannkuchen mit frischen Erdbeeren und grüner Salat. Sie isst auch gern Joghurt und Eis. Bianca wohnt nicht weit von Sophie. Am Morgen gehen sie zusammen in die Schule. In der Klasse sitzen die guten Freundinnen nebeneinander. Am Nachmittag treffen sie sich oft.

Bianca hat eine niedliche Katze. Sie heißt Lilli und spielt gern mit einem kleinen gelben Ball. Auch Sophie spielt oft mit der lustigen Katze. Dann lässt sich Lilli lange von Sophie streicheln. Sophie und Bianca verbringen viel Zeit miteinander.

Beantworte mit ganzen Sätzen die Fragen zum Text:

1 Wie heißt die beste Freundin von Sophie?

____

2 Wie groß ist Bianca?

____

3 Welchen Mund hat Bianca?

____

4 Was trägt Bianca gern?

____

5 Was isst sie gern?

____

6 Wo wohnt Bianca?

____

7 Wo sitzen die guten Freundinnen in der Klasse?

____

8 Wann treffen sie sich?

____

Die Freundin von Sophie

Lückentext

Trage die fehlenden Wörter in den Text ein.

Diese Wörter musst du einsetzen:

Jeans, blaue, weit, Ball, sitzen, lustigen, schicke, zusammen, Lilli, streicheln, beste, schmalen, Freundinnen, Jahre, niedliche, spielt, braune, Lieblingsessen, verbringen, lange, Nachmittag

Die ______________________ Freundin von Sophie ist Bianca. Bianca ist auch dreizehn ______________ alt und ist 158 cm groß. Sie hat ____________ Augen, ________________ Haare und einen _________________ Mund. Sie trägt gern blaue ________________, bunte T-Shirts und ______________________ Schuhe. Die ____________________ von Bianca sind Pizza, Pfannkuchen mit frischen Erdbeeren und grüner Salat. Sie isst auch gern Joghurt und Eis. Bianca wohnt nicht _______________ von Sophie. Am Morgen gehen sie _________________ in die Schule. In der Klasse ___________________ die guten ____________________ nebeneinander. Am ____________________ treffen sie sich oft. Bianca hat eine _________________________ Katze. Sie heißt ____________________ und spielt gern mit einem kleinen gelben ________________________. Auch Sophie ______________________ oft mit der ___________________________ Katze. Dann lässt sich Lilli _____________________ von Sophie _____________________. Sophie und Bianca ________________ viel Zeit miteinander.

Textstreifen

Schneide die Textstreifen aus und klebe sie in der richtigen Reihenfolge wieder zusammen.

Bianca wohnt nicht weit von Sophie. Am Morgen gehen sie zusammen in die Schule.

Die Lieblingsessen von Bianca sind Pizza, Pfannkuchen mit frischen Erdbeeren und grüner Salat. Sie isst auch gern Joghurt und Eis.

Sie hat blaue Augen, braune Haare und einen schmalen Mund. Sie trägt gern blaue Jeans, bunte T-Shirts und schicke Schuhe.

Dann lässt sich Lilli lange von Sophie streicheln. Sophie und Bianca verbringen viel Zeit miteinander.

In der Klasse sitzen die guten Freundinnen nebeneinander. Am Nachmittag treffen sie sich oft.

Bianca hat eine niedliche Katze. Sie heißt Lilli und spielt gern mit einem kleinen gelben Ball. Auch Sophie spielt oft mit der lust igen Katze.

Die beste Freundin von Sophie ist Bianca. Bianca ist auch dreizehn Jahre alt und ist 158 cm groß.

Die Freundin von Sophie

Die Freundin von Sophie

Was gehört zusammen?

Trage die richtige Zahl ein.

1	In der Klasse sitzen	☐	eine niedliche Katze.
2	Auch Sophie spielt oft	☐	viel Zeit miteinander.
3	Die beste Freundin von Sophie	☐	die guten Freundinnen nebeneinander.
4	Am Nachmittag	☐	mit der niedlichen Katze.
5	Bianca hat	☐	nicht weit von Sophie.
6	Sophie und Bianca verbringen	☐	ist Bianca.
7	Sie hat blaue Augen, braune Haare	☐	treffen sie sich oft.
8	Bianca wohnt	☐	und einen schmalen Mund.

Schreibe nun die ganzen Sätze zusammen:

1 ______________________________

____

2 ______________________________

3 ______________________________

4 ______________________________

5 ______________________________

6 ______________________________

7 ______________________________

8 ______________________________

Die Freundin von Sophie

Richtig oder falsch?

Welche Sätze sind richtig? Kreuze an.

		richtig	falsch
1	Bianca isst gern Joghurt und Pudding.	D	P
2	Bianca hat eine niedliche Katze.	F	I
3	Sophie und Bianca verbringen viel Zeit miteinander.	A	E
4	Bianca hat braune Augen.	M	N
5	Am Morgen gehen sie zusammen in die Schule.	N	S
6	Bianca hat blonde Haare.	F	K
7	Die beste Freundin von Sophie ist Julia.	D	U
8	Bianca wohnt nicht weit von Sophie.	C	T
9	Bianca trägt gern blaue Jeans.	H	W
10	Die Katze von Bianca heißt Lea.	C	E
11	Bianca ist 13 Jahre alt.	N	R

Die Lösung:

Bianca isst gern

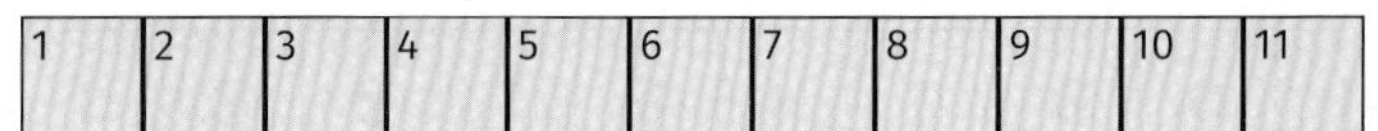

1	2	3	4	5	6	7	8	9	10	11

.

Die Freundin von Sophie

Kreuzworträtsel

Finde entsprechende Wörter im Text und löse das Kreuzworträtsel.

1 Sophie spielt ____________ mit der Katze.

2 Bianca hat ______________ Haare.

3 Bianca hat blaue ________________.

4 Bianca isst gern ___________________ und Eis.

5 Die beste Freundin von Sophie ist _________________.

6 Bianca hat einen schmalen ________________.

7 Bianca trägt schicke ____________________.

8 Lilli lässt sich lange von Sophie __________________.

9 Bianca wohnt nicht weit von _________________.

10 Bianca ist 13 _________________ alt.

11 Am Nachmittag _________________ sie sich oft.

12 Bianca hat eine niedliche ___________________.

Die Lösung: Sophie und Bianca verbindet echte

1	2	3	4	5	6	7	8	9	10	11	12

.

Fragen beantworten

Beantworte mit ganzen Sätzen Fragen zu deiner Freundin oder zu deinem Freund:

Die Haare	Der Mund	Die Augen
braune Haare	schmaler Mund	schwarze Augen
blonde Haare	kleiner Mund	blaue Augen
rote Haare	voller Mund	braune Augen
schwarze Haare	runder Mund	grüne Auge

1 Wie heißt deine Freundin oder dein Freund?

____

2 Wie groß ist sie (er)?

____

3 Welche Haare hat sie (er)?

____

4 Welchen Mund hat sie (er)?

____

5 Welche Augen hat sie (er)?

____

6 Was trägt sie (er) am liebsten?

____

7 Was isst sie (er) gern?

____

8 Was macht sie (er) gern am Nachmittag?

____

Sophie und Lukas haben Hobbys

Lukas spielt gern Fußball. Er ist in einem Fußballverein. Jede Woche geht er zum Training. Am Samstag spielt er in der Jugendmannschaft. Lukas ist ein guter Torwart. Seine Mannschaft gewinnt oft. Abends spielt Lukas am Computer mit seinen Freunden. Am Sonntag geht er mit den Freunden zum Billardspielen oder zum Bowling. Billard kann Lukas nicht so gut, aber er spielt sehr gut Bowling. Sophie schwimmt gern. Sie geht montags und mittwochs ins Schwimmbad. Freitags tanzt Sophie Hip-Hop. Nachmittags trifft sie sich häufig mit ihrer Freundin Bianca. Im Sommer laufen sie mit ihren Inlineskatern auf dem Radweg im Park, im Winter gehen sie zum Schlittschuhlaufen in die Eishalle. Abends liest Sophie Zeitschriften oder Jugendromane. Die Bücher leiht sie in der Schulbücherei. Sie hört auch gern Musik. Am Samstag geht Sophie mit den Freundinnen oft in der Fußgängerzone bummeln oder Eis essen.

Beantworte mit ganzen Sätzen die Fragen zum Text:

1 Was spielt Lukas gern?

____

2 Wo spielt er am Samstag?

____

3 Was macht Lukas abends?

____

4 Was spielt Lukas sehr gut?

____

5 Wohin geht Sophie montags und mittwochs?

____

6 Was macht Sophie freitags?

____

7 Was machen die Freundinnen im Sommer?

____

8 Was machen sie im Winter?

____

Lückentext

Trage die fehlenden Wörter in den Text ein.

Diese Wörter musst du einsetzen:

Fußball, guter, tanzt, Schlittschuhlaufen, Mannschaft, Eis, montags, Computer, Fußgängerzone, häufig, Jugendromane, nicht, Woche, spielt, Bowling, schwimmt, Zeitschriften, mittwochs, Radweg, leiht, Jugendmannschaft, Sonntag, Fußballverein, laufen, Billardspielen

Lukas spielt gern ______________________. Er ist in einem ______________________. Jede ______________________ geht er zum Training. Am Samstag ________________ er in der ______________________. Lukas ist ein __________ Torwart. Seine ________________ gewinnt oft. Abends spielt Lukas am ______________ mit seinen Freunden. Am ______________________ geht er mit den Freunden zum ______________________ oder zum Bowling. Billard kann Lukas __________ so gut, aber er spielt sehr gut ________________.

Sophie ______________________ gern. Sie geht ______________________ und ______________________ ins Schwimmbad. Freitags ________________ Sophie Hip-Hop. Nachmittags trifft sie sich ________________ mit ihrer Freundin Bianca. Im Sommer ________________ sie mit ihren Inlineskatern auf dem ________________ im Park, im Winter gehen sie zum ______________________________ in die Eishalle. Abends liest Sophie ______________________ oder ______________________. Die Bücher ______________ sie in der Schulbücherei. Sie hört auch gern Musik. Am Samstag geht Sophie mit den Freundinnen oft in der ______________________ bummeln oder ________ essen.

Textstreifen

Schneide die Textstreifen aus und klebe sie in der richtigen Reihenfolge wieder zusammen.

Lukas ist ein guter Torwart. Seine Mannschaft gewinnt oft. Abends spielt Lukas am Computer mit seinen Freunden.

Am Sonntag geht er mit den Freunden zum Billardspielen oder zum Bowling. Billard kann Lukas nicht so gut, aber er spielt sehr gut Bowling. Sophie schwimmt gern.

Jede Woche geht er zum Training.
Am Samstag spielt er in der Jugendmannschaft.

Sie geht montags und mittwochs ins Schwimmbad. Freitags tanzt Sophie Hip-Hop.

Nachmittags trifft sie sich häufig mit ihrer Freundin Bianca. Im Sommer laufen sie mit ihren Inlineskatern auf dem Radweg im Park, im Winter gehen sie zum Schlittschuhlaufen in die Eishalle.

Sie hört auch gern Musik. Am Samstag geht Sophie mit den Freundinnen oft in der Fußgängerzone bummeln oder Eis essen.

Lukas und Sophie haben Hobbys.

Abends liest Sophie Zeitschriften oder Jugendromane. Die Bücher leiht sie in der Schulbücherei.

Lukas spielt gern Fußball. Er ist in einem Fußballverein.

Piktogramme

Piktogramme sind Symbole, um Informationen sprachfrei darzustellen. Kannst du sie verstehen? Welche Hobbys haben Lukas und Sophie? Schreibe.

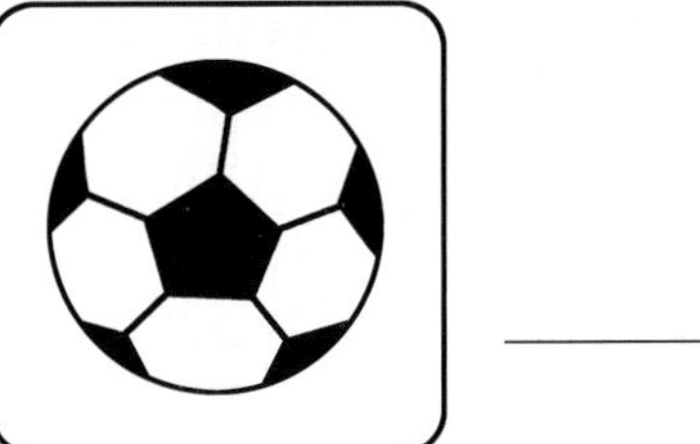

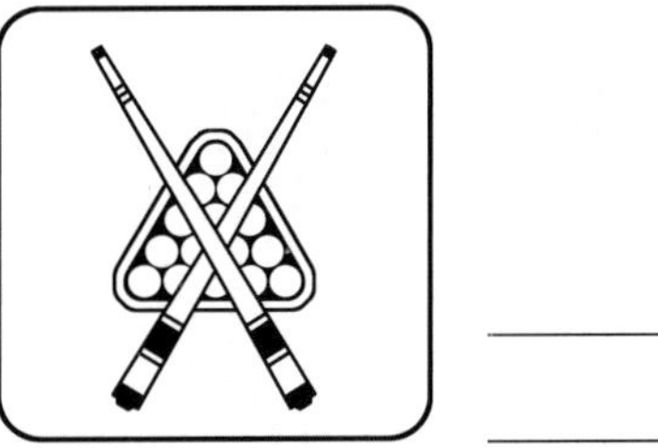

Was gehört zusammen?

Trage die richtige Zahl ein.

1	Sie geht montags und mittwochs	☐	am Computer mit seinen Freunden.
2	Abends liest Sophie	☐	gern Fußball.
3	Sie hört auch	☐	Schlittschuhlaufen in die Eishalle.
4	Lukas spielt	☐	Zeitschriften und Jugendromane.
5	Am Samstags spielt er	☐	ins Schwimmbad.
6	Freitags tanzt	☐	in der Jugendmannschaft.
7	Im Winter gehen sie zum	☐	gern Musik.
8	Abends spielt Lukas	☐	Sophie Hip-Hop.

Schreibe nun die ganzen Sätze zusammen:

1 ______________________________

____

2 ______________________________

3 ______________________________

4 ______________________________

5 ______________________________

6 ______________________________

7 ______________________________

8 ______________________________

Wörter suchen

Hinter den Kästchen sind Wörter (Substantive) zu Hobbys von Lukas und Sophie versteckt. Finde sie.

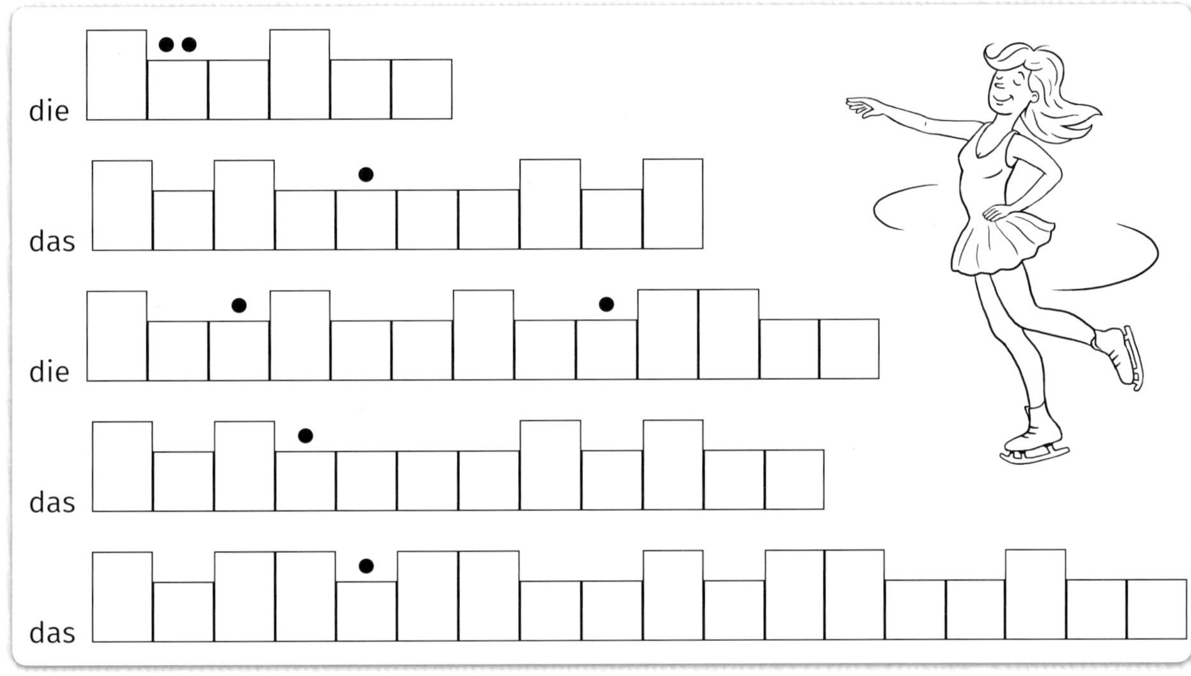

Fragen beantworten

Was machst du gern? Zeige mit Piktogrammen deine Hobbys und schreibe die Bezeichnung dazu.

1 Hast du Hobbys?

2 Was sind deine Hobbys?

Sophie geht einkaufen

Sophie geht mit ihren Eltern einkaufen. Der Vater braucht eine neue Uhr. Mutter sucht einen Rock und eine Bluse. Sophie wünscht sich eine Jeans, ein Sweatshirt und eine Halskette. Lukas braucht einen neuen Füller und Tennisbälle. Der Vater sucht in der Uhren- und Schmuckabteilung eine neue Uhr. Er sieht sich einige Uhren an und kauft eine große, wasserdichte Uhr. Sie kostet 75 Euro. In der Schreibwarenabteilung kauft er einen Füller für Lukas. In der Sportabteilung holt er Tennisbälle. Danach bummelt er durch die Herrenabteilung. Die Mutter und Sophie sind in der Damenabteilung. Dort probiert Mutter viele Röcke. Kein Rock gefällt ihr. Sie entdeckt aber eine hübsche, weiße Bluse. Sophie findet eine tolle, blaue Jeans. Sie passt und gefällt ihr. Dann geht sie zu den Sweatshirts. Sie findet ein schönes, blaues Sweatshirt. An der Kasse bezahlt sie 120 Euro. Endlich verlassen alle das Kaufhaus. Vor lauter Freude vergessen sie die Halskette für Sophie. Neben dem Kaufhaus ist ein Lebensmittelgeschäft. Der Vater geht zur Fleischtheke und kauft Fleisch und Wurst. Die Mutter kauft Brot, Käse, Milch, Joghurt, Zucker, Bananen und Tomaten. Sophie geht in die Süßwarenabteilung. Dort holt sie Schokolade. An der Kasse treffen sich alle wieder. Sophie geht mit den Eltern nach Hause und freut sich auf das Abendessen.

Beantworte mit ganzen Sätzen die Fragen zum Text:

1 Was braucht der Vater?

____

2 Was sucht die Mutter?

____

3 Was wünscht sich Sophie?

____

4 Was braucht Lukas?

____

5 Wie viel kostet die Uhr?

____

6 Was holt der Vater in der Sportabteilung?

____

7 Was entdeckt die Mutter?

____

Lückentext

Trage die fehlenden Wörter in den Text ein. Diese Wörter musst du einsetzen:

Fleischtheke, neuen, freut sich, Damenabteilung, kauft, Uhr, kostet, findet, alle, Schreibwarenabteilung, hübsche, vergessen, Zucker, holt, Kasse, sucht, Mutter, gefällt, geht, Rock, braucht, Sportabteilung, probiert, Jeans, blaues, sucht, Halskette, wasserdichte, dann, bummelt

Sophie ______________ mit ihren Eltern einkaufen. Der Vater ______________ eine neue Uhr. Mutter ______________ einen Rock und eine Bluse. Sophie wünscht sich eine ____________, ein Sweatshirt und eine ______________. Lukas braucht einen ____________ Füller und Tennisbälle. Der Vater __________________ in der Uhren- und Schmuckabteilung eine neue ________. Er sieht sich einige Uhren an und kauft eine große, __________________________ Uhr. Sie ______________ 75 Euro. In der ______________________ kauft er einen Füller für Lukas. In der ________________ holt er Tennisbälle. Danach ______________ er durch die Herrenabteilung. Die ____________ und Sophie sind in der ________________. Dort ________________ Mutter viele Röcke. Kein ________ gefällt ihr. Sie entdeckt aber eine ____________, weiße Bluse. Sophie ______________ eine tolle, blaue Jeans. Sie passt und ____________ ihr. __________ geht sie zu den Sweatshirts. Sie findet ein schönes, ______________ Sweatshirt. An der _____________ bezahlt sie 120 Euro. Endlich verlassen alle das Kaufhaus. Vor lauter Freude _________________ sie die Halskette für Sophie. Neben dem Kaufhaus ist ein Lebensmittelgeschäft. Der Vater geht zur _________________ und kauft Fleisch und Wurst. Die Mutter _____________ Brot, Käse, Milch, Joghurt, ___________, Bananen und Tomaten. Sophie geht in die Süßwarenabteilung. Dort __________ sie Schokolade. An der Kasse treffen sich ______________ wieder. Sophie geht mit den Eltern nach Hause und ________________________ sich auf das Abendessen.

Textstreifen

Schneide die Textstreifen aus und klebe sie in der richtigen Reihenfolge wieder zusammen.

Sophie geht einkaufen

Der Vater sucht in der Uhren- und Schmuckabteilung eine neue Uhr. Er sieht sich einige Uhren an und kauft eine große, wasserdichte Uhr. Sie kostet 75 Euro.

Die Mutter und Sophie sind in der Damenabteilung. Dort probiert Mutter viele Röcke.

Dann geht sie zu den Sweatshirts. Sie findet ein schönes, blaues Sweatshirt. An der Kasse bezahlt sie 120 Euro. Endlich verlassen alle das Kaufhaus.

Vor lauter Freude vergessen sie die Halskette für Sophie. Neben dem Kaufhaus ist ein Lebensmittelgeschäft. Der Vater geht zur Fleischtheke und kauft Fleisch und Wurst. Die Mutter kauft Brot, Käse, Milch, Joghurt, Zucker, Bananen und Tomaten.

Sophie geht in die Süßwarenabteilung. Dort holt sie Schokolade. An der Kasse treffen sich alle wieder. Sophie geht mit den Eltern nach Hause und freut sich auf das Abendessen.

Kein Rock gefällt ihr. Sie entdeckt aber eine hübsche, weiße Bluse. Sophie findet eine tolle, blaue Jeans. Sie passt und gefällt ihr.

In der Schreibwarenabteilung kauft er einen Füller für Lukas. In der Sportabteilung holt er Tennisbälle. Danach bummelt er durch die Herrenabteilung.

Sophie wünscht sich eine Jeans, ein Sweatshirt und eine Halskette. Lukas braucht einen neuen Füller und Tennisbälle.

Sophie geht mit ihren Eltern einkaufen. Der Vater braucht eine neue Uhr. Mutter sucht einen Rock und eine Bluse.

Sophie geht einkaufen

Richtig oder falsch?

Welche Sätze sind richtig? Kreuze an.

		richtig	falsch
1	Sophie findet ein grünes Sweatshirt.	D	S
2	An der Kasse treffen sich alle wieder.	C	E
3	Der Vater sucht eine neue Hose.	R	H
4	Sophie geht mit Bianca einkaufen.	O	U
5	Die Mutter kauft Zucker und Milch.	H	M
6	Die Uhr kostet 175 Euro.	P	A
7	Die Mutter sucht einen Rock und eine Bluse.	B	G
8	Der Vater bummelt durch die Herrenabteilung.	T	W
9	Sophie findet eine schwarze Jeans.	C	E
10	Die Mutter entdeckt eine blaue Bluse.	V	I
11	In der Sportabteilung holt der Vater Tennisbälle.	L	Z
12	Sophie findet eine schöne Halskette.	B	U
13	Neben den Kaufhaus ist ein Lebensmittelgeschäft.	N	F
14	Der Vater braucht eine neue Uhr.	G	T

Die Lösung:

Bianca ist gern in der

1	2	3	4	5	6	7	8	9	10	11	12	13	14

.

Wörter zuordnen

Trage die Wörter richtig ein:

das Brot, das Kleid, die Halskette, das Mehl, der Ring, das Lineal, der Ball, der Kugelschreiber, das Armband, der Herrenpulli, die Bluse, die Tennisbälle, der Kaffee, der Rock, der Füller, der Anzug, die Herrenjacke, der Trainingsanzug, die Uhr, der Zucker, das Sporthemd, das Heft, die Damenjeans, die Krawatte, die Wurst, die Sportschuhe, der Herrenmantel, der Zirkel, die Ohrringe, der Damenpullover

Damenabteilung	Herrenabteilung	Sport

Schreibwaren	Uhren und Schmuck	Lebensmittel

Kreuzworträtsel

Finde entsprechende Wörter im Text und löse das Kreuzworträtsel.

1 Der Vater kauft Wurst an der ____________________.

2 Die Mutter entdeckt eine weiße ____________________.

3 Der Vater holt Tennisbälle in der ____________________.

4 Sophie findet eine blaue ____________________.

5 Die Mutter findet keinen ____________________.

6 Die Mutter und Sophie sind in der ____________________.

7 An der ____________________ treffen sich alle wieder.

8 Der Vater braucht eine neue ____________________.

9 Sie vergessen die ____________________ für Sophie.

10 Sophie geht mit ihren ____________________ einkaufen.

1
2
3
4
5
6
7
8
9
10

Die Lösung:

Dort kaufen Menschen gern ein:

1	2	3	4	5	6	7	8	9	10

Sätze bilden

Bilde Sätze mit den vorgegebenen Wörtern:

der Füller
Schreibwaren-abteilung
kaufen

Schokolade
die Süßwaren-abteilung
holen

der Vater
die Uhr
brauchen

die Mutter
eine Bluse
entdecken

Sophie
ein Sweatshirt
finden

Sportabteilung
Tennisbälle
holen

Fleischtheke
Fleisch
und Wurst
kaufen

Sweatshirt
Damenabteilung
finden

Fragen beantworten

Beantworte mit ganzen Sätzen die Fragen über dein Einkaufen.

1 Was kaufst du in einem Lebensmittelgeschäft? (10 Beispiele)

____

____

____

2 Was kaufst du gern in der Abteilung für Milchprodukte?

____

3 Was kaufst du gern an der Fleischtheke?

____

4 Was kaufst du gern in der Süßwarenabteilung?

____

5 Was kaufst du in der Sportabteilung in einem Kaufhaus? (3 Beispiele)

____

6 Was kaufst du in der Schreibwarenabteilung? (3 Beispiele)

____

7 Was kaufst du in der Herrenabteilung? (3 Beispiele)

____

8 Was kaufst du in der Damenabteilung? (3 Beispiele)

____

9 Was kaufst du in der Uhren- und Schmuckabteilung? (3 Beispiele)

____

10 Wo kaufst du am liebsten ein?

____

Lückentext

Trage die fehlenden Wörter in den Text ein.

Diese Wörter musst du einsetzen:

alle, Eltern, besuchen, ist, Arzt, wohnt, hat, braun, Schmidt, Jahre, lernen, Merlin, Bruder, zwei, sind, Schwester, heißt, Tochter

Familie Schmidt **wohnt** in Hamburg in der Hafenstraße 41. Herr Schmidt ist **Arzt**. Frau **Schmidt** ist Sekretärin. Herr und Frau Schmidt sind **Eltern** und haben **zwei** Kinder, einen Sohn und eine Tochter. Der Sohn **heißt** Lukas. Er ist fünfzehn **Jahre** alt. Die **Tochter** heißt Sophie. Sie **ist** dreizehn. Lukas ist der **Bruder** von Sophie. Sophie ist die **Schwester** von Lukas. Sie **sind** Geschwister. Sophie und Lukas **besuchen** eine Realschule. Beide **lernen** gut. Familie Schmidt **hat** auch einen Hund. Er heißt **Merlin**. Merlin ist groß und **braun**. **Alle** lieben Merlin.

Wörter suchen

Hinter den Kästchen sind 15 Wörter (Substantive) aus dem Text versteckt. Finde sie.

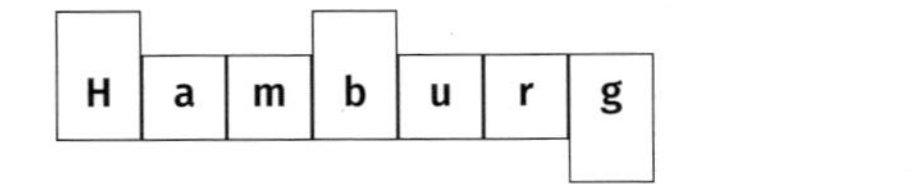

H a m b u r g

die G e s c h w i s t e r

die R e a l s c h u l e

die S e k r e t ä r i n

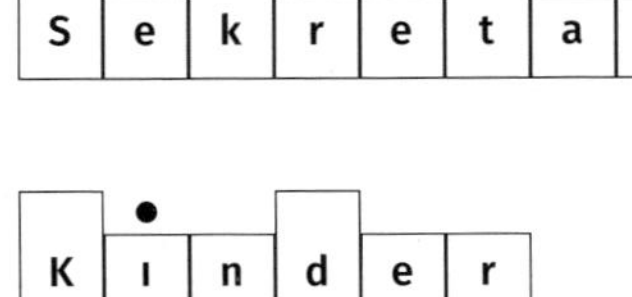

die K i n d e r

die T o c h t e r

die S c h w e s t e r

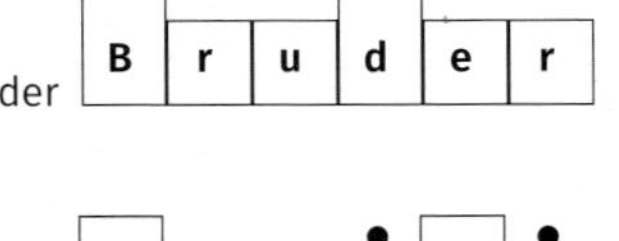

der B r u d e r

die F a m i l i e

der H e r r

die F r a u

die E l t e r n

der S o h n

der H u n d

der A r z t

Kreuzworträtsel

Finde entsprechende Wörter im Text und löse das Kreuzworträtsel.

1	**Merlin ist**	G R O ß	**und braun.**
2	**Herr Schmidt ist**	A R Z T	**.**
3	**Familie Schmidt**	W O H N T	**in Hamburg.**
4	**Der Hund**	H E I ß T	**Merlin.**
5	**Lukas und Sophie sind**	G E S C H W I S T E R	**.**
6	**Herr und Frau Schmidt sind**	E L T E R N	**.**
7	**Frau Schmidt ist**	S E K R E T Ä R I N	**.**
8	**Sophie ist dreizehn**	J A H R E	**alt.**
9	**Lukas ist der**	B R U D E R	**von Sophie.**
10	**Beide**	L E R N E N	**gut.**

Die Lösung:

Großmutter (Oma) und Großvater (Opa) sind [1] G [2] R [3] O [4] ß [5] E [6] L [7] T [8] E [9] R [10] N .

Lückentext

Trage die fehlenden Wörter in den Text ein.

Diese Wörter musst du einsetzen:

fährt, Brot, zwei, Laden, Schule, bleibt, Käse, arbeitet, Büro, Brötchen, hilft, lecker, ruft, sitzen, Bus, Salami, Praxis, frühstücken, trinkt, Vater, Kakao, essen, gehen, Apfel

Es ist 7 Uhr. Frau Schmidt **arbeitet** schon in der Küche. Sophie **hilft** der Mutter. Sie holt Brötchen, **Brot** und Butter aus dem **Laden** und deckt den Tisch. Dann **ruft** sie den **Vater** und den Bruder. Nun **sitzen** alle am Tisch und **frühstücken**. Sophie isst **Brötchen** mit Butter und Käse und **trinkt** Tee. Lukas isst Brötchen mit Butter und **Salami** und trinkt **Kakao**. Die Eltern **essen** Brot mit Wurst oder **Käse** und trinken Kaffee. Danach **gehen** Sophie und Lukas in die **Schule**. Sophie hat ein Brötchen und einen **Apfel** im Schulrucksack. Lukas hat auch ein Brötchen und **zwei** Bananen. Er isst gern Bananen. „Bananen sind **lecker**", sagt er. Frau Schmidt **fährt** mit dem Auto ins **Büro**. Herr Schmidt fährt mit dem **Bus** in die **Praxis**. Nur der Hund, Merlin, **bleibt** zu Hause.

Richtig oder falsch?

Welche Sätze sind richtig? Kreuze an.

		richtig	falsch
1	Nur Martin bleibt zu Hause.	D	S
2	„Äpfel sind lecker“, sagt Lukas.	E	P
3	Frau Schmidt fährt mit dem Auto ins Büro.	O	B
4	Lukas deckt den Tisch.	S	R
5	Sophie trinkt Tee.	T	A
6	Die Eltern essen Brot.	T	M
7	Herr Schmidt fährt mit dem Auto in die Praxis	F	A
8	Frau Schmidt arbeitet in der Küche.	S	E
9	Danach gehen Sophie und Lukas in die Schule.	C	Z
10	Sophie isst Brötchen mit Butter und Salami.	S	H
11	Lukas trinkt Kaffee.	H	E

Die Lösung:

Lukas hat eine tolle

1	2	3	4	5	6	7	8	9	10	11
S	P	O	R	T	T	A	S	C	H	E

.

Kreuzworträtsel

Löse das Kreuzworträtsel mithilfe der rückwärtsgeschriebenen Wörter:

das NEHCTÖRB **BRÖTCHEN**

die RETTUM **MUTTER** | der HCSIT **TISCH**

der LEFPA **APFEL** | die ENANAB **BANANE**

EIHPOS **SOPHIE** | das TORB **BROT**

die RETTUB **BUTTER** | der DNUH **HUND** | der NEDAL **LADEN**

die SIXARP **PRAXIS** | die TSRUW **WURST** | der ESÄK **KÄSE**

1	H	U	N	D					
2		P	R	A	X	I	S		
3		T	I	S	C	H			
4		S	O	P	H	I	E		
5			L	A	D	E	N		
6			M	U	T	T	E	R	
7		K	Ä	S	E				
8	A	P	F	E	L				
9		B	A	N	A	N	E		
10				B	U	T	T	E	R
11		W	U	R	S	T			
12		B	R	O	T				
13	B	R	Ö	T	C	H	E	N	

Die Lösung:

Wichtig in der Schule ist

1	2	3		4	5	6	7	8	9	10	11	12	13
D	A	S		P	A	U	S	E	N	B	R	O	T

.

Lückentext

Trage die fehlenden Wörter in den Text ein.

Diese Wörter musst du einsetzen:

nett, Englisch, rechnet, Hamburg, schreibt, lernen, richtig, Vokabeln, Atlas, Freund, lustig, Landkarte, Dresden, malt, Torwart, sucht, geht, Schwimmbad, Blumen, Text, Erdkunde, schwer, schwimmt, heißt

Sophie und Lukas **lernen** am Nachmittag. Lukas lernt **Englisch**. Er wiederholt einen **Text** und lernt die **Vokabeln**. Morgen **schreibt** er einen Vokabeltest. Die Vokabeln sind nicht **schwer**. Danach lernt er **Erdkunde**. Er hat einen **Atlas** und **sucht** auf der Karte: Berlin, München, **Hamburg**, Nürnberg, Potsdam , Leipzig, Köln, Erfurt, Rostock, Düsseldorf, **Dresden** und Cottbus. Er schreibt die Städte auf eine **Landkarte**. Sophie **rechnet** Matheaufgaben. Dann malt sie **Blumen**. Sie **malt** sehr gern. Um 15 Uhr **geht** Sophie ins **Schwimmbad**. Sie **schwimmt** sehr gut. Lukas geht mit seinem **Freund** Fußball spielen. Er ist **Torwart**. Sein Trainer **heißt** Tom. Er ist **nett** und **lustig**.

„Fußball macht **richtig** Spaß“, sagt Lukas.

Suchrätsel

Finde die Namen der Städte in Deutschland und schreibe sie auf:

s n e e D r d	e g p z L i i	k s c o o t R	o t s P a m d
Dresden	**Leipzig**	**Rostock**	**Potsdam**
n r F a t r k f u	N e r n ü g r b	l K ö n	n ü h M e n c  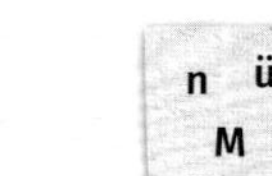
Frankfurt	**Nürnberg**	**Köln**	**München**
r s l D s o f e d ü	e B n r i l	u s C t o t b	m u b a H r g
Düsseldorf	**Berlin**	**Cottbus**	**Hamburg**

Finde diese zwölf Städte und kreise sie ein (→↓).

F	R	A	N	K	F	U	R	T	Y	B	K	B	P	M	N	W
Ü	C	O	T	T	B	U	S	S	U	S	Y	E	E	Ü	G	I
R	H	P	X	D	R	E	S	D	E	N	L	R	T	N	Y	N
W	E	O	K	Ü	K	H	K	Y	U	G	N	L	K	C	W	Ü
U	X	T	N	S	Ö	O	E	X	T	U	T	I	O	H	B	R
D	Ü	S	S	E	L	D	O	R	F	W	E	N	A	E	V	N
O	N	D	B	E	N	H	B	Z	S	O	R	B	Y	N	G	B
L	E	A	R	E	R	O	S	T	O	C	K	V	O	V	Y	E
U	G	M	V	Y	U	G	B	V	H	A	M	B	U	R	G	R
L	E	I	P	Z	I	G	Z	I	M	M	E	R	B	V	W	G

Was gehört zusammen?

Trage die richtige Zahl ein.

1	Um 15 Uhr geht	**6.**	auf eine Landkarte.
2	Sein Trainer	**8.**	sind nicht schwer.
3	Danach	**5.**	einen Vokabeltest.
4	Sophie und Lukas	**7.**	sagt Lukas.
5	Morgen schreibt er	**1.**	Sophie ins Schwimmbad.
6	Er schreibt die Städte	**3.**	lernt er Erdkunde.
7	„Fußball macht richtig Spaß“,	**4.**	lernen am Nachmittag.
8	Die Vokabeln	**2.**	heißt Tom.

Schreibe nun die ganzen Sätze zusammen:

1 **Um 15 Uhr geht Sophie ins Schwimmbad.**

2 **Sein Trainer heißt Tom.**

3 **Danach lernt er Erdkunde.**

4 **Sophie und Lukas lernen am Nachmittag.**

5 **Morgen schreibt er einen Vokabeltest.**

6 **Er schreibt die Städte auf eine Landkarte.**

7 **„Fußball macht richtig Spaß“, sagtLukas.**

8 **Die Vokabeln sind nicht schwer.**

Städte in die Landkarte eintragen

Trage die Namen der Städte in die Landkarte ein:

Berlin, München, Hamburg, Potsdam, Leipzig, Köln, Frankfurt, Rostock, Düsseldorf, Dresden, Cottbus, Nürnberg

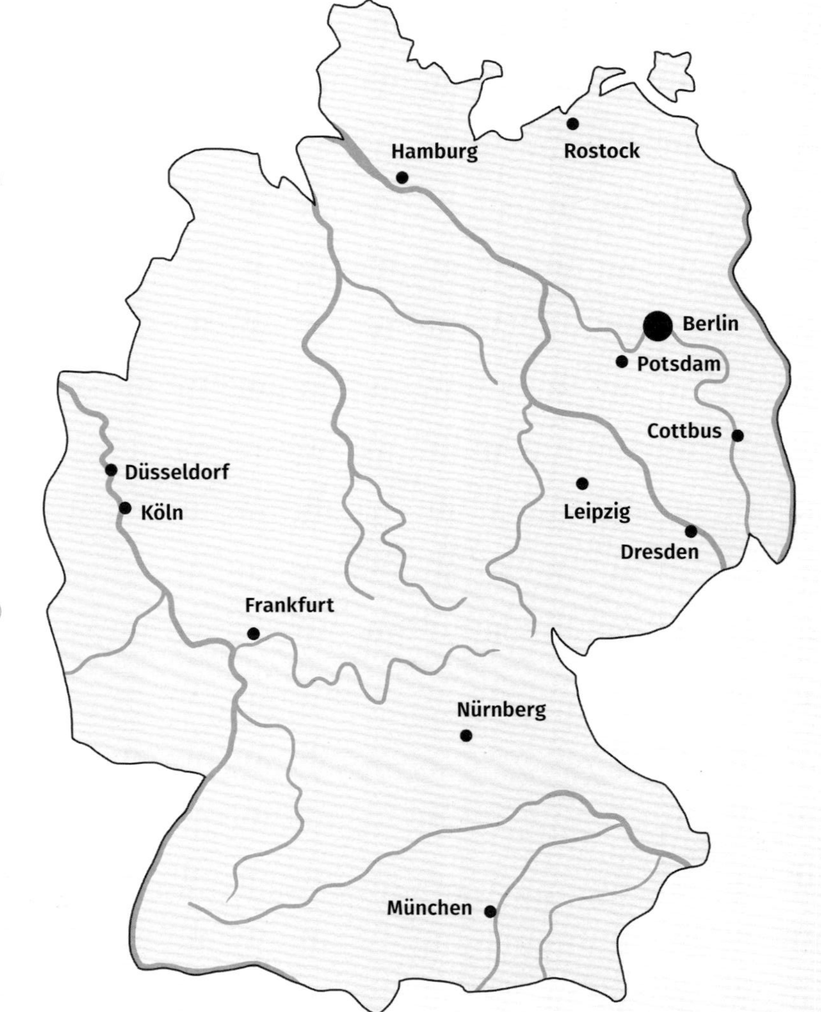

Kennst du noch andere Städte in Deutschland? Trage sie in die Landkarte ein.

Lückentext

Trage die fehlenden Wörter in den Text ein.

Diese Wörter musst du einsetzen:

liegt, Fernseher, Abend, Teppich, stellt, Abendbrot, Wohnzimmer, Besteck, spielt, Laptop, Tisch, heute, Gläser, Sofa, sortiert, Computer, lange, liest, Küche, Brief, hört, Geschwister

Es ist **Abend**. Frau und Herr Schmidt sind im **Wohnzimmer**. Frau Schmidt sitzt am **Tisch** und schreibt einen **Brief** an Tante Anna. Herr Schmidt sitzt auf dem **Sofa** und **liest** eine Zeitung. Später sehen sich Frau und Herr Schmidt einen Film im **Fernseher** an. Sophie ist in der **Küche**. Sie hat **heute** Küchendienst. Sie **stellt** Teller, Tassen und **Gläser** in den Küchenschrank. Das **Besteck** legt sie in die Schublade. Löffel, Gabeln, Messer und Teelöffel **sortiert** sie sorgfältig. Lukas isst noch **Abendbrot** und **hört** dabei Musik. Danach gehen die **Geschwister** in ihre Zimmer. Lukas **spielt** mit seinen Freunden ein spannendes Spiel am **Computer** und ist laut. Sophie hat einen neuen **Laptop** und chattet **lange** mit ihren Freundinnen über Facebook. Merlin **liegt** im Wohnzimmer auf dem **Teppich** und schläft.

Suchrätsel

Welche Wörter (Substantive) aus dem Text sind hier rückwärtsgeschrieben?

der RETUPMOC **Computer**

die EDALBUHCS **Schublade**

der LEFFÖLEET **Teelöffel**

die GNUTIEZ **Zeitung**	der HCIPPET **Teppich**	der LEFFÖL **Löffel**
der POTPAL **Laptop**	das AFOS **Sofa**	die LEBAG **Gabel**
das RESSEM **Messer**	das SALG **Glas**	der FEIRB **Brief**
der RELLET **Teller**	der MLIF **Film**	die ESSAT **Tasse**

Finde die 15 Wörter und kreise sie ein (→↓).

L	A	Z	M	L	K	E	G	A	B	E	L	B	C	W	N	T
A	L	E	L	Ö	M	P	L	S	R	S	S	Y	O	U	G	E
P	H	I	X	F	O	X	A	V	I	H	C	X	M	X	Y	E
T	E	T	K	F	Z	H	S	Y	E	G	H	V	P	G	W	L
O	X	U	T	E	L	L	E	R	F	U	U	G	U	Y	B	Ö
P	T	N	H	L	B	Y	G	O	I	W	B	V	T	U	V	F
O	N	G	B	U	Z	U	F	S	S	O	L	B	E	N	G	F
T	E	P	P	I	C	H	I	O	C	H	A	V	R	V	Y	E
U	K	A	R	I	L	G	B	F	H	Y	D	B	R	G	X	L
M	E	S	S	E	R	N	T	A	S	S	E	R	F	I	L	M

Wörter suchen

Hinter den Kästchen sind 20 Wörter (Substantive) aus dem Text versteckt. Finde sie.

die G e s c h w i s t e r

der K u c h e n d i e n s t

die Z e i t u n g

das B e s t e c k

das M e s s e r

der L a p t o p

die S c h u b l a d e

der C o m p u t e r

der F e r n s e h e r

der T e e l o f f e l

das W o h n z i m m e r

der L o f f e l

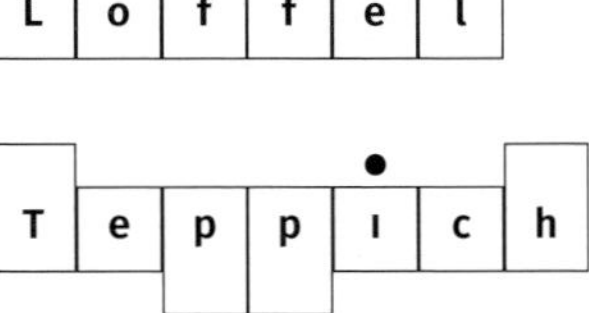

der T e p p i c h

der T i s c h

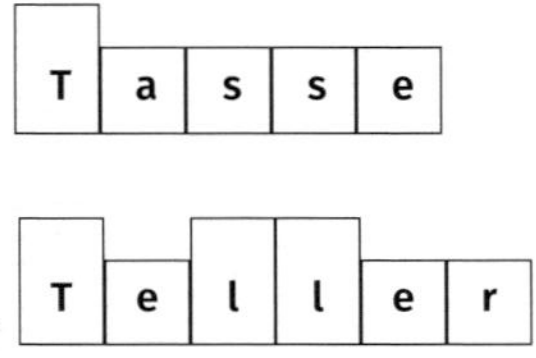

die T a s s e

der T e l l e r

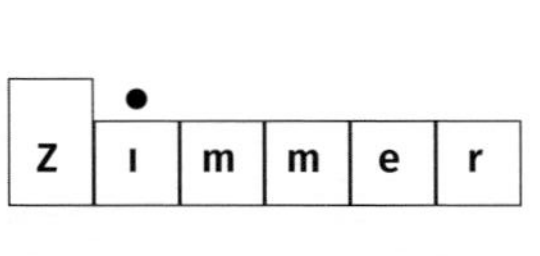

das Z i m m e r

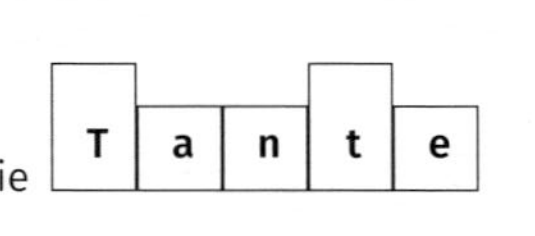

die T a n t e

die G a b e l

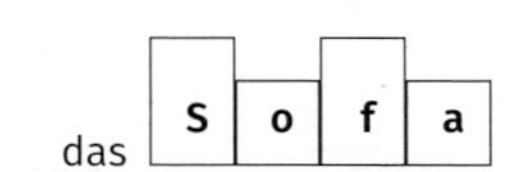

das S o f a

Kreuzworträtsel

Finde entsprechende Wörter im Text und löse das Kreuzworträtsel.

1 Herr Schmidt sitzt auf einem **Sofa**.

2 Frau Schmidt schreibt einen **Brief** an Tante Anna.

3 Merlin liegt auf einem **Teppich**.

4 Herr Schmidt liest eine **Zeitung**.

5 Sophie hat heute **Küchendienst**.

6 Sophie legt das **Besteck** in die Schublade.

7 Lukas isst Abendbrot und hört **Musik**.

8 Danach gehen die **Geschwister** in ihre Zimmer.

9 Lukas spielt am **Computer**.

10 Herr und Frau Schmidt sind im **Wohnzimmer**.

1 S O F A
2 B R I E F
3 T E P P I C H
4 Z E I T U N G
5 K Ü C H E N D I E N S T
6 B E S T E C K
7 M U S I K
8 G E S C H W I S T E R
9 C O M P U T E R
10 W O H N Z I M M E R

Die Lösung: Um 18 Uhr ist [1]A [2]B [3]E [4]N [5]D [6]E [7]S [8]S [9]E [10]N.

Lückentext

Trage die fehlenden Wörter in den Text ein.

Diese Wörter musst du einsetzen:

Garten, mit, moderne, Apfelbaum, Küche, neben, Zimmer, Ecke, Gästezimmer, unter, Kirschbaum, Haus, sehr, Sophie, große, gehört, steht, nicht, Einfamilienhaus, aber, Erdgeschoss, spielt, Schlafzimmer

Familie Schmidt wohnt in einem **Einfamilienhaus**. Das **Haus** ist neu. Es ist **nicht** sehr groß, **aber** gemütlich. Es steht in einem **Garten**. Im **Erdgeschoss** befinden sich das Wohnzimmer, das **Schlafzimmer** der Eltern, die **Küche**, der Flur mit den Treppen, die Toilette und der Abstellraum. Im Obergeschoss sind die **Zimmer** von den Kindern, das **Gästezimmer** und das Bad. Die Zimmer von **Sophie** und Lukas sind klein und haben **moderne** Möbel. **Unter** dem Haus ist der Keller. **Neben** dem Haus **steht** die Garage. Der Garten ist **sehr** schön: Dort ist eine **große** Terrasse **mit** Gartenmöbeln. Es gibt viele Blumen, Sträucher, einen **Kirschbaum** und einen **Apfelbaum**. In der **Ecke** steht eine Tischtennisplatte. Sie **gehört** Lukas. Auch Merlin **spielt** gern im Garten.

Kreuzworträtsel

Finde entsprechende Wörter im Text und löse das Kreuzworträtsel.

1 Im Garten gibt es viele **BLUMEN**.

2 Im Obergeschoss sind die Zimmer von den **KINDERN**.

3 Im Flur sind die **TREPPEN**.

4 Im Garten ist eine große **TERASSE**.

5 Im Erdgeschoss ist das **WOHNZIMMER**.

6 Die Küche ist im **ERDGESCHOSS**.

7 Das Zimmer von **SOPHIE** ist klein.

8 Familie Schmidt wohnt in einem **EINFAMILIENHAUS**.

9 Die Tischtennisplatte gehört **LUKAS**.

10 Das Haus steht in einem **GARTEN**.

11 Neben dem Haus steht eine **GARAGE**.

1							B	L	U	M	E	N								
2										K	I	N	D	E	R	N				
3					T	R	E	P	P	E	N									
4										T	E	R	R	A	S	S	E			
5											W	O	H	N	Z	I	M	M	E	R
6			E	R	D	G	E	S	C	H	O	S	S							
7								S	O	P	H	I	E							
8	E	I	N	F	A	M	I	L	I	E	N	H	A	U	S					
9										L	U	K	A	S						
10						G	A	R	T	E	N									
11							G	A	R	A	G	E								

Die Lösung: Tante Anna hat E[1] I[2] N[3] E[4] W[5] O[6] H[7] N[8] U[9] N[10] G[11].

Richtig oder falsch?

Welche Sätze sind richtig? Kreuze an.

		richtig	falsch
1	Im Erdgeschoss ist ein Arbeitszimmer	A	O
2	Die Zimmer von Sophie und Lukas sind klein.	B	R
3	Unter dem Haus ist ein Keller.	E	S
4	Das Haus ist groß und gemütlich.	O	R
5	Die Tischtennisplatte gehört Sophie.	P	G
6	Die Küche ist im Erdgeschoss.	E	M
7	Familie Schmidt wohnt in einem Einfamilienhaus.	S	U
8	Im Obergeschoss sind die Zimmer der Eltern.	B	C
9	Das Haus steht in einem Garten.	H	F
10	Sophie und Lukas haben moderne Möbel.	O	D
11	Das Haus ist alt.	D	S
12	Es gibt viele Blumen im Garten.	S	T

Die Lösung:

Sophie und Lukas sind im

1	2	3	4	5	6	7	8	9	10	11	12
O	B	E	R	G	E	S	C	H	O	S	S

.

Lückentext

Trage die fehlenden Wörter in den Text ein.

Diese Wörter musst du einsetzen:

Klassenzimmer, ist, Wand, hell, Tafel, steht, Tische, groß, Stühle, Schrank, sind, Fenster, rechts, stehen, Tür, Decke, Ecke, Lehrertisch

Das ist das **Klassenzimmer** von Lukas. In der Mitte **stehen** zwölf Tische, Lukas sitzt ganz hinten. Vorn **ist** der **Lehrertisch**. An der **Wand** hängt eine Tafel. Die **Tafel** ist grün. Hinten **steht** ein Schrank. Die **Tische** und die **Stühle** sind grau. Der **Schrank** ist weiß. Links **sind** drei Fenster. Die **Fenster** sind breit. **Rechts** ist die Tür. Die **Tür** ist grün. An der **Decke** hängen acht Lampen. In der **Ecke** steht ein Papierkorb. Das Klassenzimmer ist **groß** und **hell**.

Suchrätsel

Welche rückwärtsgeschriebenen Gegenstände sind im Klassenzimmer?

die LEFAT **TAFEL**

der HCSITRERHEL **LEHRERTISCH**

der BROKREIPAP **PAPIERKORB**

die RÜT **TÜR**

der KNARHCS **SCHRANK**

die EKCED **DECKE**

die EKCE **ECKE**

der HCSIT **TISCH**

die EPMAL **LAMPE**

der LHUTS **STUHL**

das RETSNEF **FENSTER**

Finde diese elf Wörter und kreise sie ein (→↓).

T	A	L	M	T	K	E	D	R	Y	B	F	B	P	W	N	S
W	T	S	L	A	M	P	E	E	C	K	E	Y	A	U	S	V
O	Ü	Z	X	F	O	X	C	V	W	H	N	X	P	X	C	D
W	R	C	K	E	Z	H	K	Y	U	G	S	V	I	G	H	R
U	X	O	N	L	V	O	E	X	T	U	T	G	E	Y	R	W
L	N	S	T	U	H	L	G	O	I	W	E	V	R	U	A	A
O	N	O	B	U	V	H	B	Z	S	O	R	B	K	N	N	K
L	E	H	R	E	R	T	I	S	C	H	W	V	O	V	K	E
U	G	Y	V	Y	U	G	B	V	H	Y	U	B	R	G	X	U
L	O	G	F	E	R	Q	K	I	N	W	A	S	B	V	W	G

Wörter suchen

Finde und schreibe die Namen der Gegenstände im Klassenzimmer.

c r s e h L r e t i h — der **Lehrertisch**

r i a e b p k o r P — der **Papierkorb**

a e m p L — die **Lampe**

k a s n c h r — der **Schrank**

e a f T l — die **Tafel**

h ü t e S l — die **Stühle**

Lies die Sätze und schreibe die passenden Wörter dazu.

Er steht vorn. — Es ist der **Lehrertisch**.

Er steht in der Ecke. — Es ist der **Papierkorb**.

Sie hängt an der Decke. — Es ist die **Lampe**.

Sie sind grau. — Es sind die **Stühle**.

Sie hängt an der Wand. — Es ist die **Tafel**.

Er ist weiß. — Es ist der **Schrank**.

Lückentext

Trage die fehlenden Wörter in den Text ein.

Diese Wörter musst du einsetzen:

Treppe, einige, Kunstraum, Schülervertretung, großer, Fahrstuhl, Pausenhof, Stock, zweiten, Sporthalle, Chemieraum, viele, Aula, neben, stolz, Haupteingang, Sekretariat, von

Sophie und Lukas sind **stolz** auf ihre Schule. Sie ist neu, groß und modern. Der **Haupteingang** führt ins Treppenhaus. Im Erdgeschoss links von der **Treppe** sind die Büroräume der Schulleitung, das **Sekretariat** und das Lehrerzimmer. Rechts **von** der Treppe sind **viele** Klassenzimmer. Hinter der Treppe sind der **Fahrstuhl**, die Toiletten, die Schulbücherei und die **Aula**. Im ersten **Stock** befinden sich viele Fachräume: Computerraum, **Kunstraum**, Werkraum, Physikraum, **Chemieraum**, Musiksaal und zwei Küchen. Es gibt dort auch **einige** Klassenzimmer. Im **zweiten** Stock sind nur Klassenzimmer und der Raum der **Schülervertretung**. Vor der Schule liegt der **Pausenhof**. Rechts **neben** der Schule stehen die **Sporthalle** und die Mensa. Vor der Sporthalle ist ein **großer** Parkplatz.

Welches Wort ist richtig?

Lies die Sätze genau und schreibe den richtigen Schulraum dazu:

1. Dort spielen die Schüler Handball. → Es ist die **Sporthalle**.
2. Dort treffen sich die Lehrer in den Pausen. → Es ist das **Lehrerzimmer**.
3. Dort malen sie Schüler schöne Bilder. → Es ist der **Kunstraum**.
4. In diese Räume gehen Jungen und Mädchen getrennt. → Es sind die **Toiletten**.
5. Dort sägen und hämmern alle. → Es ist der **Werkraum**.
6. Dort lernen alle am liebsten. → Es ist der **Computerraum**.
7. Dort essen die Schüler zu Mittag. → Es ist die **Mensa**.
8. Dort kochen und backen alle sehr gern. → Es ist die **Küche**.
9. Dort können die Schüler den Schülerausweis abholen. → Es ist das **Sekretariat**.
10. Dort verbringen die Schüler ihre Pausen. → Es ist der **Pausenhof**.
11. Dort machen alle laute Musik. → Es ist der **Musiksaal**.
12. Dort machen die Schüler Experimente. → Es ist der **Chemieraum**.

Wörter suchen

Hinter den Kästchen sind 20 Wörter (Substantive in Singular und Plural) aus dem Text versteckt. Finde sie.

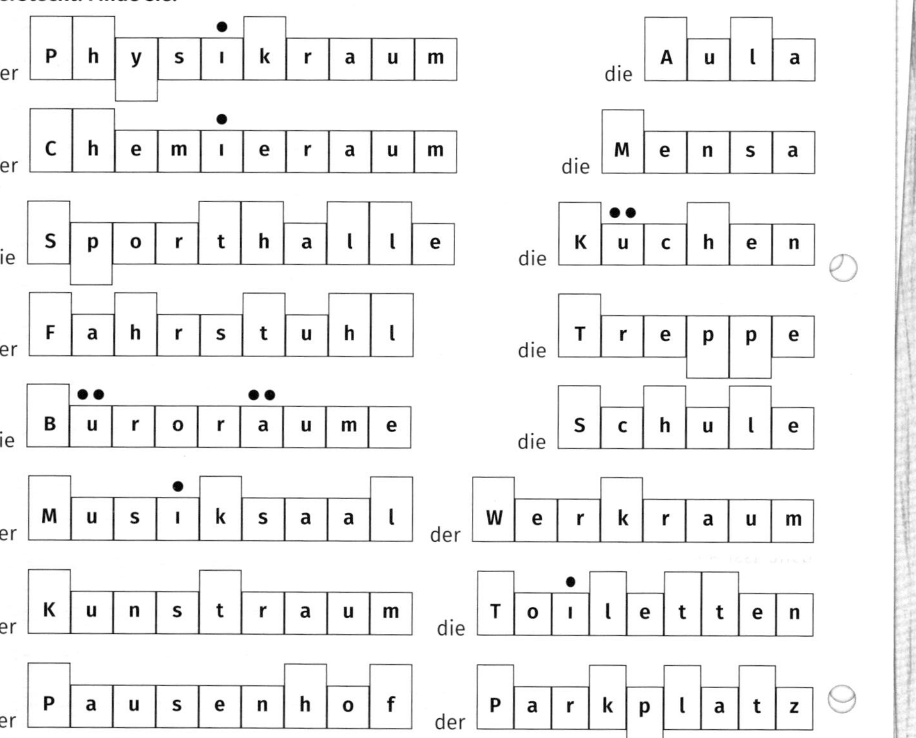

- der Physikraum
- der Chemieraum
- die Sporthalle
- der Fahrstuhl
- die Büroräume
- der Musiksaal
- der Kunstraum
- der Pausenhof
- das Klassenzimmer
- die Schulbücherei
- der Computerraum
- der Haupteingang
- die Aula
- die Mensa
- die Küchen
- die Treppe
- die Schule
- der Werkraum
- die Toiletten
- der Parkplatz

Wörter zuordnen

Ordne die 36 Wörter dem richtigen Raum in der Schule zu:

der Laptop, das Telefon, der Pinsel, das Mikrofon, der Herd, der Hammer, die Lehrertasche, der Magnet, der Fußball, der Kühlschrank, die Stoppuhr, die Gitarre, das Besteck, der Schreibtisch, der Wasserbecher, das Tor, der Schraubenzieher, das Thermometer, die Tastatur, der Malkasten, das Faxgerät, der Topf, die Laubsäge, der Drucker, die Stühle, der Bohrer, der Transformator, das Trampolin, die Computermaus, der Zeichenblock, der Aktenschrank, das Klavier, die Sprossenwand, der Bücherschrank, die Triangel, die Tische

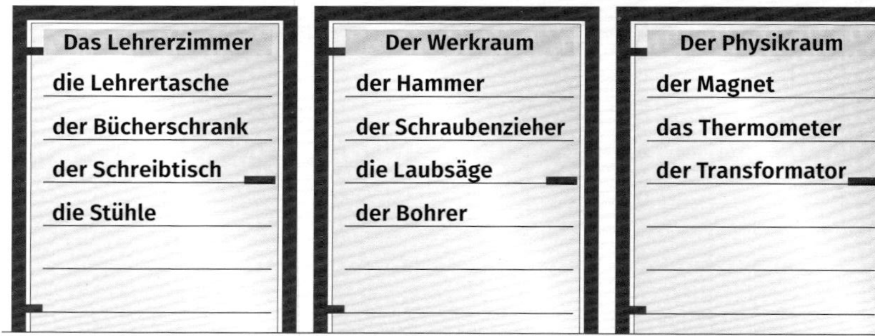

Das Lehrerzimmer	Der Werkraum	Der Physikraum
die Lehrertasche	der Hammer	der Magnet
der Bücherschrank	der Schraubenzieher	das Thermometer
der Schreibtisch	die Laubsäge	der Transformator
die Stühle	der Bohrer	

Der Musiksaal	Das Sekretariat	Die Sporthalle
das Mikrofon	das Telefon	der Fußball
die Gitarre	das Faxgerät	die Stoppuhr
die Triangel	der Aktenschrank	das Trampolin
das Klavier	der Drucker	die Sprossenwand
		das Tor

Die Küche	Der Computerraum	Der Kunstraum
der Herd	der Laptop	der Pinsel
der Kühlschrank	die Computermaus	der Malkasten
der Topf	die Tastatur	der Zeichenblock
das Besteck	die Tische	der Wasserbecher

Lückentext

Trage die fehlenden Wörter in den Text ein.

Diese Wörter musst du einsetzen:

Jeans, blaue, weit, Ball, sitzen, lustigen, schicke, zusammen, Lilli, streicheln, beste, schmalen, Freundinnen, Jahre, niedliche, spielt, braune, Lieblingsessen, verbringen, lange, Nachmittag

Die **beste** Freundin von Sophie ist Bianca. Bianca ist auch dreizehn **Jahre** alt und ist 158 cm groß. Sie hat **blaue** Augen, **braune** Haare und einen **schmalen** Mund. Sie trägt gern blaue **Jeans**, bunte T-Shirts und **schicke** Schuhe. Die **Lieblingsessen** von Bianca sind Pizza, Pfannkuchen mit frischen Erdbeeren und grüner Salat. Sie isst auch gern Joghurt und Eis. Bianca wohnt nicht **weit** von Sophie. Am Morgen gehen sie **zusammen** in die Schule. In der Klasse **sitzen** die guten **Freundinnen** nebeneinander. Am **Nachmittag** treffen sie sich oft. Bianca hat eine **niedliche** Katze. Sie heißt **Lilli** und spielt gern mit einem kleinen gelben **Ball**. Auch Sophie **spielt** oft mit der **lustigen** Katze. Dann lässt sich Lilli **lange** von Sophie **streicheln**. Sophie und Bianca **verbringen** viel Zeit miteinander.

Was gehört zusammen?

Trage die richtige Zahl ein.

1	In der Klasse sitzen	**5.**	eine niedliche Katze.
2	Auch Sophie spielt oft	**6.**	viel Zeit miteinander.
3	Die beste Freundin von Sophie	**1.**	die guten Freundinnen nebeneinander.
4	Am Nachmittag	**2.**	mit der niedlichen Katze.
5	Bianca hat	**8.**	nicht weit von Sophie.
6	Sophie und Bianca verbringen	**3.**	ist Bianca.
7	Sie hat blaue Augen, braune Haare	**4.**	treffen sie sich oft.
8	Bianca wohnt	**7.**	und einen schmalen Mund.

Schreibe nun die ganzen Sätze zusammen:

1 **In der Klasse sitzen die guten Freundinnen nebeneinander.**

2 **Auch Sophie spielt oft mit der niedlichen Katze.**

3 **Die beste Freundin von Sophie ist Bianca.**

4 **Am Nachmittag treffen sie sich oft.**

5 **Bianca hat eine niedliche Katze.**

6 **Sophie und Bianca verbringen viel Zeit miteinander.**

7 **Sie hat blaue Augen, braune Haare und einen schmalen Mund.**

8 **Bianca wohnt nicht weit von Sophie.**

Richtig oder falsch?

Welche Sätze sind richtig? Kreuze an.

		richtig	falsch
1	Bianca isst gern Joghurt und Pudding.	D	P
2	Bianca hat eine niedliche Katze.	F	I
3	Sophie und Bianca verbringen viel Zeit miteinander.	A	E
4	Bianca hat braune Augen.	M	N
5	Am Morgen gehen sie zusammen in die Schule.	N	S
6	Bianca hat blonde Haare.	F	K
7	Die beste Freundin von Sophie ist Julia.	D	U
8	Bianca wohnt nicht weit von Sophie.	C	T
9	Bianca trägt gern blaue Jeans.	H	W
10	Die Katze von Bianca heißt Lea.	C	E
11	Bianca ist 13 Jahre alt.	N	R

Die Lösung:

Bianca isst gern

1	2	3	4	5	6	7	8	9	10	11
P	F	A	N	N	K	U	C	H	E	N

.

Kreuzworträtsel

Finde entsprechende Wörter im Text und löse das Kreuzworträtsel.

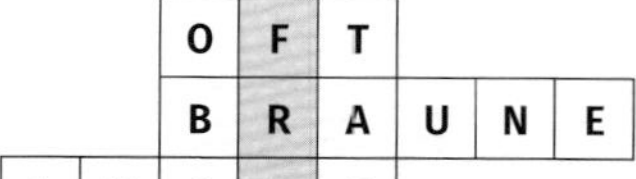

1 Sophie spielt **OFT** mit der Katze.
2 Bianca hat **BRAUNE** Haare.
3 Bianca hat blaue **AUGEN**.
4 Bianca isst gern **JOGHURT** und Eis.
5 Die beste Freundin von Sophie ist **BIANCA**.
6 Bianca hat einen schmalen **MUND**.
7 Bianca trägt schicke **SCHUHE**.
8 Lilli lässt sich lange von Sophie **STREICHELN**.
9 Bianca wohnt nicht weit von **SOPHIE**.
10 Bianca ist 13 **JAHRE** alt.
11 Am Nachmittag **TREFFEN** sie sich oft.
12 Bianca hat eine niedliche **KATZE**.

1					O	F	T				
2					B	R	A	U	N	E	
3			A	U	G	E	N				
4		J	O	G	H	U	R	T			
5			B	I	A	N	C	A			
6			M	U	N	D					
7						S	C	H	U	H	E
8	S	T	R	E	I	C	H	E	L	N	
9			S	O	P	H	I	E			
10					J	A	H	R	E		
11		T	R	E	F	F	E	N			
12				K	A	T	Z	E			

Die Lösung: Sophie und Bianca verbindet echte

1	2	3	4	5	6	7	8	9	10	11	12
F	R	E	U	N	D	S	C	H	A	F	T

.

Lückentext

Trage die fehlenden Wörter in den Text ein.

Diese Wörter musst du einsetzen:

Fußball, guter, tanzt, Schlittschuhlaufen, Mannschaft, Eis, montags, Computer, Fußgängerzone, häufig, Jugendromane, nicht, Woche, spielt, Bowling, schwimmt, Zeitschriften, mittwochs, Radweg, leiht, Jugendmannschaft, Sonntag, Fußballverein, laufen, Billardspielen

Lukas spielt gern **Fußball**. Er ist in einem **Fußballverein**. Jede **Woche** geht er zum Training. Am Samstag **spielt** er in der **Jugendmannschaft**. Lukas ist ein **guter** Torwart. Seine **Mannschaft** gewinnt oft. Abends spielt Lukas am **Computer** mit seinen Freunden. Am **Sonntag** geht er mit den Freunden zum **Billardspielen** oder zum Bowling. Billard kann Lukas **nicht** so gut, aber er spielt sehr gut **Bowling**. Sophie **schwimmt** gern. Sie geht **montags** und **mittwochs** ins Schwimmbad. Freitags **tanzt** Sophie Hip-Hop. Nachmittags trifft sie sich **häufig** mit ihrer Freundin Bianca. Im Sommer **laufen** sie mit ihren Inlineskatern auf dem **Radweg** im Park, im Winter gehen sie zum **Schlittschuhlaufen** in die Eishalle. Abends liest Sophie **Zeitschriften** oder **Jugendromane**. Die Bücher **leiht** sie in der Schulbücherei. Sie hört auch gern Musik. Am Samstag geht Sophie mit den Freundinnen oft in der **Fußgängerzone** bummeln oder **Eis** essen.

Piktogramme

**Piktogramme sind Symbole, um Informationen sprachfrei darzustellen.
Kannst du sie verstehen? Welche Hobbys haben Lukas und Sophie? Schreibe.**

Schlittschuh

Fußball

Bowling

Billard

Tanzen

Musik

Inliner

Lesen

Schwimmen

Computer

Was gehört zusammen?

Trage die richtige Zahl ein.

1	Sie geht montags und mittwochs	**8.**	am Computer mit seinen Freunden.
2	Abends liest Sophie	**4.**	gern Fußball.
3	Sie hört auch	**7.**	Schlittschuhlaufen in die Eishalle.
4	Lukas spielt	**2.**	Zeitschriften und Jugendromane.
5	Am Samstags spielt er	**1.**	ins Schwimmbad.
6	Freitags tanzt	**5.**	in der Jugendmannschaft.
7	Im Winter gehen sie zum	**3.**	gern Musik.
8	Abends spielt Lukas	**6.**	Sophie Hip-Hop.

Schreibe nun die ganzen Sätze zusammen:

1 **Sie geht montags und mittwochs ins Schwimmbad.**

2 **Abends liest Sophie Zeitschriften oder Jugendromane.**

3 **Sie hört auch gern Musik.**

4 **Lukas spielt gern Fußball.**

5 **Am Samstag spielt er in der Jugendmannschaft.**

6 **Freitags tanzt Sophie Hip-Hop.**

7 **Im Winter gehen sie zum Schlittschuhlaufen in die Eishalle.**

8 **Abends spielt Lukas am Computer mit seinen Freunden.**

Wörter suchen

Hinter den Kästchen sind Wörter (Substantive) zu Hobbys von Lukas und Sophie versteckt. Finde sie.

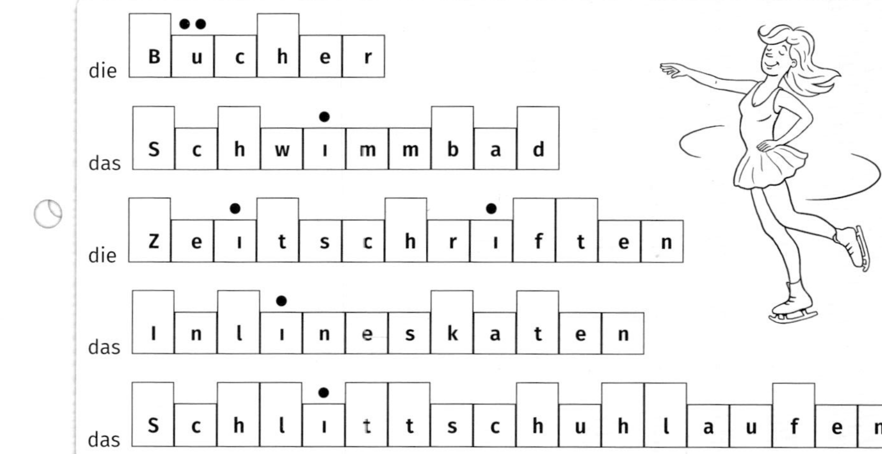

die B u c h e r

das S c h w i m m b a d

die Z e i t s c h r i f t e n

das I n l i n e s k a t e n

das S c h l i t t s c h u h l a u f e n

das B i l l a r d s p i e l e n

das B o w l i n g s p i e l e n

der C o m p u t e r

der T o r w a r t

der F u ß b a l l

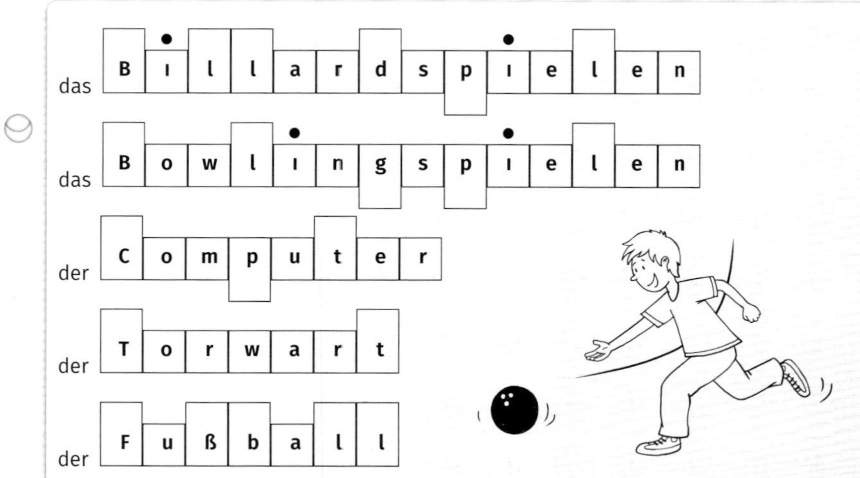

Lückentext

Trage die fehlenden Wörter in den Text ein. Diese Wörter musst du einsetzen:

Fleischtheke, neuen, freut sich, Damenabteilung, kauft, Uhr, kostet, findet, alle, Schreibwarenabteilung, hübsche, vergessen, Zucker, holt, Kasse, sucht, Mutter, gefällt, geht, Rock, braucht, Sportabteilung, probiert, Jeans, blaues, sucht, Halskette, wasserdichte, dann, bummelt

Sophie **geht** mit ihren Eltern einkaufen. Der Vater **braucht** eine neue Uhr. Mutter **sucht** einen Rock und eine Bluse. Sophie wünscht sich eine **Jeans**, ein Sweatshirt und eine **Halskette**. Lukas braucht einen **neuen** Füller und Tennisbälle. Der Vater **sucht** in der Uhren- und Schmuckabteilung eine neue **Uhr**. Er sieht sich einige Uhren an und kauft eine große, **wasserdichte** Uhr. Sie **kostet** 75 Euro. In der **Schreibwarenabteilung** kauft er einen Füller für Lukas. In der **Sportabteilung** holt er Tennisbälle. Danach **bummelt** er durch die Herrenabteilung. Die **Mutter** und Sophie sind in der **Damenabteilung**. Dort **probiert** Mutter viele Röcke. Kein **Rock** gefällt ihr. Sie entdeckt aber eine **hübsche**, weiße Bluse. Sophie **findet** eine tolle, blaue Jeans. Sie passt und **gefällt** ihr. **Dann** geht sie zu den Sweatshirts. Sie findet ein schönes, **blaues** Sweatshirt. An der **Kasse** bezahlt sie 120 Euro. Endlich verlassen alle das Kaufhaus. Vor lauter Freude **vergessen** sie die Halskette für Sophie. Neben dem Kaufhaus ist ein Lebensmittelgeschäft. Der Vater geht zur **Fleischtheke** und kauft Fleisch und Wurst. Die Mutter **kauft** Brot, Käse, Milch, Joghurt, **Zucker**, Bananen und Tomaten. Sophie geht in die Süßwarenabteilung. Dort **holt** sie Schokolade. An der Kasse treffen sich **alle** wieder. Sophie geht mit den Eltern nach Hause und **freut sich** sich auf das Abendessen.

Richtig oder falsch?

Welche Sätze sind richtig? Kreuze an.

		richtig	falsch
1	Sophie findet ein grünes Sweatshirt.	D	**S**
2	An der Kasse treffen sich alle wieder.	**C**	E
3	Der Vater sucht eine neue Hose.	R	**H**
4	Sophie geht mit Bianca einkaufen.	O	**U**
5	Die Mutter kauft Zucker und Milch.	**H**	M
6	Die Uhr kostet 175 Euro.	P	**A**
7	Die Mutter sucht einen Rock und eine Bluse.	**B**	G
8	Der Vater bummelt durch die Herrenabteilung.	**T**	W
9	Sophie findet eine schwarze Jeans.	C	**E**
10	Die Mutter entdeckt eine blaue Bluse.	V	**I**
11	In der Sportabteilung holt der Vater Tennisbälle.	**L**	Z
12	Sophie findet eine schöne Halskette.	B	**U**
13	Neben den Kaufhaus ist ein Lebensmittelgeschäft.	**N**	F
14	Der Vater braucht eine neue Uhr.	**G**	T

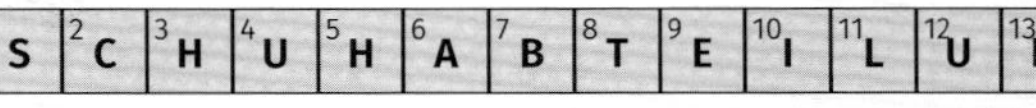

Die Lösung:

Bianca ist gern in der

1	2	3	4	5	6	7	8	9	10	11	12	13	14
S	C	H	U	H	A	B	T	E	I	L	U	N	G

.

Wörter zuordnen

Trage die Wörter richtig ein:

das Brot, das Kleid, die Halskette, das Mehl, der Ring, das Lineal, der Ball, der Kugelschreiber, das Armband, der Herrenpulli, die Bluse, die Tennisbälle, der Kaffee, der Rock, der Füller, der Anzug, die Herrenjacke, der Trainingsanzug, die Uhr, der Zucker, das Sporthemd, das Heft, die Damenjeans, die Krawatte, die Wurst, die Sportschuhe, der Herrenmantel, der Zirkel, die Ohrringe, der Damenpullover

Damenabteilung	Herrenabteilung	Sport
der Damenpullover	die Herrenjacke	das Sporthemd
das Kleid	der Anzug	die Sportschuhe
die Bluse	der Herrenmantel	die Tennisbälle
die Damenjeans	die Krawatte	der Ball
der Rock	der Herrenpulli	der Trainingsanzug

Schreibwaren	Uhren und Schmuck	Lebensmittel
das Lineal	die Uhr	die Wurst
der Füller	der Ring	der Zucker
das Heft	die Halskette	das Brot
der Zirkel	das Armband	das Mehl
der Kugelschreiber	die Ohrringe	der Kaffee

Kreuzworträtsel

Finde entsprechende Wörter im Text und löse das Kreuzworträtsel.

1 Der Vater kauft Wurst an der **FLEISCHTHEKE**.

2 Die Mutter entdeckt eine weiße **BLUSE**.

3 Der Vater holt Tennisbälle in der **SPORTABTEILUNG**.

4 Sophie findet eine blaue **JEANS**.

5 Die Mutter findet keinen **ROCK**.

6 Die Mutter und Sophie sind in der **DAMENABTEILUNG**.

7 An der **KASSE** treffen sich alle wieder.

8 Der Vater braucht eine neue **UHR**.

9 Sie vergessen die **HALSKETTE** für Sophie.

10 Sophie geht mit ihren **ELTERN** einkaufen.

1	F	L	E	I	S	C	H	T	H	E	K	E					
2			B	L	U	S	E										
3				S	P	O	R	T	A	B	T	E	I	L	U	N	G
4				J	E	A	N	S									
5					R	O	C	K									
6			D	A	M	E	N	A	B	T	E	I	L	U	N	G	
7				K	A	S	S	E									
8			U	H	R												
9	H	A	L	S	K	E	T	T	E								
10			E	L	T	E	R	N									

Die Lösung:

Dort kaufen Menschen gern ein: 1 S 2 U 3 P 4 E 5 R 6 M 7 A 8 R 9 K 10 T.